피드백, 이렇게 한다

효과적이고 다양한 형성평가 기법들

피드백, 이렇게 한다

낸시 프레이 · 더글러스 피셔 **지음**
강정임 옮김 **이찬승** 감수

교육을바꾸는사람들

낸시 프레이 Nancy Frey

샌디에이고주립대 사범대학(School of Teacher Education)의 문해력 담당 교수이며, 대학 과정을 일부 제공하는 고등학교(Health Sciences High & Middle College, HSHMC)에서 교사리더(teacher leader)로 근무하고 있다. 대학 강단에 서기 전에는 플로리다주 브로워드 카운티 공립학교 소속 특수교사로서 초등 및 중등 학생을 가르쳤다. 장애가 있는 학생들을 일반교육과정 안에서 지원하는 방법을 찾는 플로리다주 교육부 프로젝트 사업에 참여하기도 했다. 전미주립대학협회(American Association of State Colleges and Universities)에서 수여하는 교사교육 부문 우수교원상인 크리스타 매컬리프 상(Christa McAuliffe Award)을 수상했으며, 전국읽기컨퍼런스(National Reading Conference)에서 수여하는 우수교원상(Early Career Achievement Award)을 수상했다. 주요 연구영역은 읽기와 문해력, 평가, 개입(intervention), 커리큘럼 디자인 등이며, 문해력과 지도법에 관한 논문과 책을 다수 집필했다. 저서로는 『The Distance Learning Playbook, Grades K-12: Teaching for Engagement & Impact in Any Setting(원격학습 플레이북, 유치원부터 고등학교까지: 적극적 참여와 학습효과를 가능하게 하는 교수법)』(2021년 9월 〈교육을바꾸는사람들〉에서 번역서 출간 예정), 『Enhancing RTI: How to Ensure Success with Effective Classroom Instruction & Intervention(RTI를 강화하라: 성공을 보장하는 효과적인 교실수업과 개입)』 등이 있으며 이 책들은 모두 더글러스 피셔와 공동 저술했다.

nfrey@mail.sdsu.edu

더글러스 피셔 Douglas Fisher

샌디에이고주립대 사범대학(School of Teacher Education)의 언어 및 문해력 교육 담당 교수이며, 낸시 프레이와 같은 고등학교(Health Sciences High & Middle College, HSHMC)에서 교사 리더(teacher leader)로 근무하고 있다. 문해력 부문에서 25년 이상의 전문경력이 있는 이들에게 가입자격이 주어지는 캘리포니아주 문해력 명예교사단(California Reading Hall of Fame) 회원이며, 국제읽기협회, 전미영어교사협회, 전미주립대학협회 등에서 수상했다. 학생들의 학업성취를 향상시키는 방법에 관해 다수의 논문과 책을 저술했으며, 저서로는 낸시 프레이와 공저한 『Checking for Understanding: Formative Assessment Techniques for Your Classroom(이해를 위한 확인: 당신의 교실을 위한 형성평가 기법)』, 『Productive Group Work: How to Engage Students, Build Teamwork, and Promote Understanding(생산적 그룹활동: 참여, 팀워크, 이해도를 높이는 방법)』, 『Better Learning Through Structured Teaching: A Framework for the Gradual Release of Responsibility(구조화된 교수를 통한 더 나은 학습: GRR 프레임워크)』등이 있다.

dfisher@mail.sdsu.edu

차례

THE FORMATIVE
ASSESSMENT
ACTION PLAN

제2장 피드업: 어떤 목표를 향해 가고 있는가?

이해도 파악: 지금 어디에 있는가?

피드백: 얼마나 잘하고 있는가?

제5장 피드포워드: 다음 단계는 어떤 방향으로 나아가야 하는가?

형성평가 시스템의 구축

THE
FORMATIVE
ASSESSMENT
ACTION
PLAN

제1장

형성평가
시스템 만들기

더그(이 책의 공저자인 더글러스 피셔-옮긴이)는 교육대학원생이던 시절, 신경해부학 담당교수로부터 들었던 말을 잊지 못한다.

"여러분이 이 내용을 얼마나 이해할지 모르겠지만, 어쨌든 시험에는 나옵니다."

이 말은 교육에 관한 뚜렷한 관점, 즉 학생은 자신에게 부여된 학습 내용을 열심히 공부해서 습득해야 한다는 생각을 보여준다. 교수의 발언은 선생의 임무는 정보를 제공하는 것이고, 학생의 임무는 주어진 정보를 어떤 방법으로든 익히는 것임을 암시한다. 학습에 대한 책임이 전적으로 학생에게 있다는 뜻임을 알아차린 후 더그의 자신감은 바닥으로 곤두박질쳤다. 인간의 뇌를 복잡하게 그려놓은 그림을 자세히 들여다보던 그는 도대체 이 정보를 어떻게 이해해야 할지 의문이 들었다. 그런데 더그를 포함한 수강생들이 얼마나 이해할 수 있을지 담당교수도 모르겠다고 말하는 게 아닌가.

당시 더그는 인간의 뇌에 대해 배우려는 의욕이 매우 높았고, 교수는 최신 교육공학과 교육방법으로 무장한 상태였다. 교수는 해당 교과영역에 관심과 열정을 갖고 있었고, 강좌를 시작하면서 학생들에 대한 높은 기대감을 분명하게 전달했으며, 학습정보를 매주 요약해 설명하는 정성을 보였다. 하지만 이런 방안들은 학생들의 이해수준을 높은 단계로 끌어올리기에 충분하지 않았다. 교수학습 과정에서 양질의 교수법, 혁신적인 교육공학, 동기부여, 높은 기대감 그리고 열정은 중요하다. 그러나 실제 학습이 이루어지는 데는 이런 요소만으로는 부족하다.

위의 수업 전체에서 빠져 있었던 것이 바로 형성평가 시스템(formative assessment system)이다. 더그의 담당교수는 학습목표를 설정하고, 학생들의 이해도를 확인하고, 피드백(feedback)을 제공한 다음 학생들의 수행결과에 맞춰 향후 수업을 조율했어야 한다. 즉, 피드백뿐만 아니라 피드포워드(feed-forward)가 제공되는 수업 프레임워크를 활용했어야 한다는 뜻이다.

형성평가 시스템

피드백은 형성평가 시스템의 한 요소로 존재할 때 학생의 학업성취도를 끌어올리는 강력한 방법이 될 수 있다. 그러나 피드백 자체만으로는 그다지 도움이 되지 않는다. 존 해티(John Hattie)와 헬렌 팀펄리(Helen Timperley)가 지적한 대로, "맥락에서 유리된 피드백은 효과가 전혀 없다. 강력한 효과를 내기 위해서는 반드시 학습적 맥락 안에서 피드백이 이뤄져야 한다"(2007, p.82).

해티와 팀펄리는 피드업(feed-up), 피드백(feedback), 피드포워드(feed-forward)의 세 가지 요소로 이루어진 형성평가 시스템을 제안한다(〈표 1.1〉 참조). 먼저 피드업은 평가방식을 포함해 학생들이 과제나 수업의 목적을 확실하게 이해하게 해준다. 피드백은 학생들에게 성공적인 학습은 어떤 모습이어야 하며, 이를 위해 무엇이 더 필요한지 알려준다. 그리고 피드포워드는 학생들의 성과자료를 기반으로 향후 학습의 방향을 알려준다. 학생들의 학습성과를 높이려면 이상의 세 요소가 모두 필요하다. 각 요소는 교사와 학생들을 위한 길잡이 질문으로 이루어져 있다.

- 어떤 목표를 향해 가고 있는가?(피드업)
- 얼마나 잘하고 있는가?(피드백)
- 다음 단계는 어떤 방향으로 나아가야 하는가?(피드포워드)

앞의 일화로 돌아가 더그의 담당교수가 해당 수업의 목적 한 가지를 설정한다고 가정해보자. 아마 '세포구축학을 활용하여 대뇌피질의 부위를 식별한다' 정도가 될 것이다. 이러한 수업목표를 설정하고 형성평가 시스템을 활용한다면, 교수는 먼저 청중응답 시스템(audience

표 1.1 형성평가 시스템

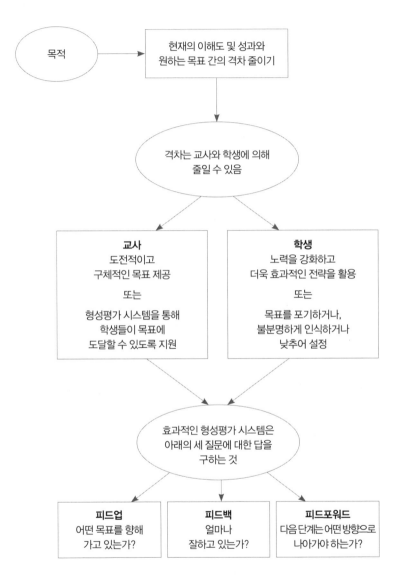

출처: 『Visible learning: A synthesis of over 800 meta-analyses relating to achievement(비저블 러닝: 학업성취에 대한 800여 가지 사례의 메타분석 통합)』(Hattie, 2009, p.176). 저작권은 Routledge에 있으며 승인을 받아 수정

response system) 등을 이용해 학생들의 이해도를 파악할 수 있을 것이다. 예를 들면 학생들에게 다음과 같은 질문을 할 수 있다.

"뇌의 다양한 부위에서 세포층은 동일한 층수로 구성되어 있는가?"

이 질문에 대해 학생들은 각자가 생각하는 답을 표시한다. 그러면 교수는 정답과 오답의 개수를 바탕으로 피드포워드를 어떻게 할 것인지 판단할 수 있다. 오답이 많다면 학생 전체를 대상으로 추가 정보 또는 추가 지도를 제공할지, 학생들이 잘못 이해하게 된 원인을 밝혀내기 위해 오답을 표시한 학생들에게 답변 내용에 대해 상세한 설명을 요구할지를 결정해야 한다. 모두가 정답을 표시했다면 모든 학생이 학습내용을 충분히 잘 이해했으니 다음 단계로 넘어갈 준비가 되었다고 결정할 수도 있다.

형성평가 시스템을 구성하는 세 가지 요소(피드업, 피드백, 피드포워드)가 모두 존재할 때 교사와 학생 간의 상호작용이 활발해지면서 학습이 촉진된다. 한 가지라도 누락되면 학습에 문제가 발생한다. 예를 들어 학생들이 수업의 목적을 제대로 이해하지 못한다면(피드업 부재) 학업에 최선을 다하지 않을 것이다. 명확한 목적이 없는 상태에서 제대로 동기부여를 받지 못한 학생들은 달성해야 할 학습내용과의 연관성을 파악하지 못한다. 만일 학생들이 평가를 못 받거나 혹은 평가결과를 전달받지 못한다면(피드백 부재), 자신의 학업 수행에 대한 확신 없이 그저 괜찮게 하고 있을 거라 추측만 할 것이다. 이 경우 학생들은 교수학습이 진행되는 동안에 학습과정과 이해수준을 수정할 가능성이 거의 없다. 교사가 학생의 수행성과를 기반으로 수업을 계획하지 않으면(피드포워드 부재) 잘못 이해한 개념이 강화되고, 오류는 오류로 남게 되며, 지식의 격차는 지속된다. 학생들이 소극적인 자세로 수업을 관찰하는 동안 교사는 교과 운영계획에 따라 진도를 빼며 '가르치는 일'을 계속한다. 안타깝게도 이런 상황에서 교사들은 수업을 받는 학생들에게 진정한 배움이 일어나지 못하고 있다는 사실을 알아채지 못한다.

피드백만으론 충분하지 않다

앞에서 형성평가란 서로 밀접한 관련이 있는 세 가지 요소로 이루어진 시스템이며, 그중 한 가지만으로는 학생의 학습을 보장하기에 충분치 않다고 강조했다. 이번에는 한 걸음 더 나아가 피드백 자체가 문제를 일으키는 상황을 집중적으로 살펴보자. 앞서 우리는 맥락에서 유리된 피드백은 효과가 없다는 점에 주목한 바 있다. 이는 일정 부분 피드백이 외부로부터 주어지는 것이기 때문이다. 즉, 피드백을 주면 학생이 내적요인이 아니라 외적요인에 반응하게 된다는 뜻이다. 이를 '외적조절(external regulation)'이라고 한다(Ryan & Deci, 2000). 물론 상황에 따라 내적조절의 동인으로서 외부의 피드백을 활용하기도 하지만, 내적조절을 확실하게 끌어내기 위해서는 피드백 이상의 것이 필요하다.

맥락에서 유리된 피드백이 효과가 없는 이유는 피드백이 단순히 외적조절이기 때문만은 아니다. 또 다른 이유는 맥락에서 유리된 피드백이 추가적인 학습 및 학업성과의 향상에 대한 책임을 학습자에게 전가하기 때문이다. 예를 들어 학교에서 흔히 과제물로 내주는 연구 보고서를 생각해보자. 일반적으로 학생들은 이런 과제를 수행하기 위해 꽤 오랜 시간 공을 들인다. 친구들과 서로 의견을 교환하면서 수정하거나 피드백을 주고받기도 한다. 드디어 마감일이 도래하고, 교사는 학생들이 제출한 보고서를 평가하기 위해 집으로 가져간다. 며칠 후 보고서는 피드백과 함께 학생들에게 되돌아온다. 학생들은 이 피드백으로 무엇을 할까? 학교에 다녔던 사람이라면 두 가지 경우가 있다는 사실을 알 것이다. 보고서를 이면지로 재활용하거나, 지적받은 내용만 간단히 수정한 후 다시 검토해달라고 제출하는 게 전부다. 교사는 검토 의견을 쓰는 데 아마도 많은 시간을 할애했을 것이다. 그런데 학생들이 보고서를 내다버리거나 애써 지적해준 실수를 단순히 고치는 것에 그친다면 교사의 시간은 낭비된 셈이다. 학생들은 실수로부터 아무것도 배우지 못하는 것이다.

문제는 반복된다. 피드백은 책임을 학습자에게 전가시킨다. 최근에 피드백을 받은 일이 있었다면 생각해보자. 피드백을 받고 나서 다음 단계를 알아내는 것이 이번에도 당신 몫임을 깨달았는가? 이 일로 좌절했는가? "또 해야 해? 다시 해봤자 또 마음에 안 들어할텐데, 원하는 게 뭔지 그냥 말해줄 순 없는 거야?" 그렇게 혼잣말을 했는가? 만일 당신이 이런 일을 겪었다면, 지금 우리가 논의하고 있는 갑작스러운 책임의 전가를 경험한 것이다.

이 말은 학습에 대한 책임을 학생들에게 더 많이 부과해선 안 된다는 게 아니다. 그러한 책임의 확대가 학생의 자신감과 역량을 바탕으

표 1.2 **학습에 대한 책임의 점진적 이양**

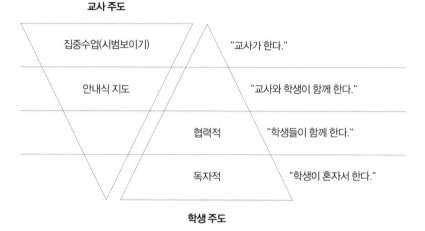

교사 주도

집중수업(시범보이기)	"교사가 한다."
안내식 지도	"교사와 학생이 함께 한다."
협력적	"학생들이 함께 한다."
독자적	"학생이 혼자서 한다."

학생 주도

출처: 『Better learning through structured teaching: A framework for the gradual release of responsibility (구조화된 교수를 통한 더 나은 학습: 학습에 대한 책임의 점진적 이양을 위한 프레임워크)』 (Fisher & Frey, 2008, p.4). 저작권은 ASCD에 있으며 승인을 받아 게재

로 계획에 따라 이루어져야 한다는 뜻이다. 우리는 학생들이 실수를 하자마자 갑작스레 책임을 떠맡게 되는 상황을 바라지 않는다. 정확히 말하자면, 처음부터 견고하게 설계된 수업 프레임워크 위에 형성평가 시스템이 정교한 형태로 갖춰져 있어야 한다.

학습에 대한 책임의 점진적 이양(GRR) 프레임워크

형성평가 시스템은 토대가 되는 수업 프레임워크가 훌륭해야 효과

가 있다. 부실한 수업을 메워주는 형성평가 시스템은 없다. 마찬가지로, 단순히 수업 프레임워크가 존재한다고 해서 학생들의 배움이 보장되지도 않는다. 결론적으로 수업 프레임워크와 형성평가 시스템둘 다 필요하다. 우리가 권장하는 수업 프레임워크는 학습 책임의 주체가 교사에서 학생으로 점진적으로 이양되는 형태를 기반으로 하며 (Fisher & Frey, 2008a; Pearson & Gallagher, 1983), 다음 5가지 특징적인 요소를 포함한다.

1. 목적의 확립

모든 수업에는 명확한 목적이 확립돼 있어야 한다. 이때의 목적은 단원목표(goal)나 구체적인 활동목표(objective)로 표현할 수 있다. 물론 학생들이 단원목표나 활동목표를 제대로 알고 있다는 전제 하의 이야기다. 명확한 목적은 '학습내용 대(對) 언어'와 같이, 서로 다른 요소로 구성할 수 있다(이 부분은 2장에서 자세히 다룰 것이다). 목적을 확립하는 것은 학생들에게 중요한 정보를 알려주고, 교사가 수업의 주제에서 벗어나 엉뚱한 길로 빠지는 일을 방지하는 등 여러 이유에서 중요하다. 또 목적은 형성평가 시스템상에서 피드백과 피드포워드 두 가지 모두를 견인하는 역할을 한다. 대부분의 사람들은 가르치지 않은 내용으로 학생들을 평가하거나 테스트하는 것이 부당하다는 의견에 동의한다. 이따금 학생들에게 수업의 목적이 전달되지 않을 때가 있다. 이런 경우 중요하다고 짚어준 적 없는 내용을 가지고 학생들을 평가하는 것은 공정하지 못하다.

다음의 두 가지 경우를 생각해보자. 어느 학급에서 교사가 학생들에게 과제를 냈는데 학생들은 이 과제를 왜 해야 하는지, 무엇을 요구하는 것인지 알지 못한다. 학습목표나 목적도 없다. 이때 학생들이 받게 될 피드백은 무의미할 것이다. 반면, 다른 학급에서는 교사가 '수중음파탐지기를 활용하여 수심을 측정하는 방법을 이해한다'라고 명확하게 학습목적을 전달하면서 학생들에게 과제를 지시했다. 이 경우 교사는 학생들의 이해도를 파악하면서 위의 목적에 맞는 피드백을 전달할 수 있다. 그리고 실수를 한 학생들에게는 학습내용을 이해할 때까지 더 설명하거나 피드포워드로 향후 학습을 안내할 수 있을 것이다.

2. 교사가 시범보이기

학교는 학생들이 암기해야 할 분절적 사실지식이 쌓여 있는 곳, 그 이상의 의미를 갖는다. 다시 말해서 학교는 사고하고, 질문하고, 성찰하는 장소다. 학생들은 초보자이기 때문에 전문가들이 어떻게 사고하는지 다양한 예시를 봐야 그들과 비슷하게 사고할 수 있다. 사고란 보이지 않는 복잡한 인지과정이다. 사고과정을 눈에 보이게 하기 위해서 교사는 생각하는 바를 소리 내어 말하는 '씽크 얼라우드(think-aloud)' 기법으로 시범을 보인다. 이때 교사는 '마음을 활짝 열고 사고과정을 보여줌'으로써 이차방정식부터 문자 해독에 이르기까지, 학생들이 학교에서 마주치는 다양한 문제를 해결할 수 있는 방법을 알려준다. 제럴드 더피(Gerald Duffy)가 지적한 대로, "사고하기를 시범보이는 유일한 방법은 어떻게 사고하는지 말해주는 것이다. 즉, 사고의 과정을 상세히 말로 서술하는 것, 더 정확히 말하면 사고가 작동하는 방식을 최대한 비슷하게 알려주는 것이다"(2003, p.11).

형성평가 시스템에서 교사의 시범보이기는 학생들이 과제를 완수하기 위해 거쳐야 할 사고과정을 훤히 비추듯 보여준다. 구체적인 학습내용이 아니라, 다양한 교과목 담당교사들이 문제를 해결하는 방식을 보여주는 것이다. 앞으로 자세히 살펴보겠지만, 형성평가 시스템은 정확한 답변 이상의 것에 주의를 기울이도록 요구한다. 피드백과 피드포워드 또한 자기조절과 자기점검은 물론, 학생들이 학습자이자 사고자로서 활용하는 사고과정에 초점을 맞춘다. 씽크 얼라우드, 즉 생각하는 바를 소리 내어 말함으로써 교사가 시범을 보이면, 학생들은 "개인적 목표 달성에 필요한 계획을 세우고 주기적으로 조정을 거쳐 그 결과 얻게 되는 사고, 감정, 행동(Zimmerman, 2000, p.14)"의 한 예를 볼 수 있게 된다. 이를 참고하여 학생들은 학업과 관련된 피드백과 추후 수업에 적절하게 반응할 수 있다.

3. 안내식 지도

매 수업시간 교사는 학생들의 이해를 강화하는 방향으로 수업을 이끌어야 한다. 이해는 질문(question), 길잡이 정보(prompt, 학생이 표적 행동을 수행할 수 있도록 제공하는 다양한 자극-옮긴이), 단서(cue) 등을 체계적으로 활용할 때 강화된다. 여기서 질문은 학생들의 이해도를 파악하는 용도로 사용한다. 학생의 답변이 오개념 혹은 오류로 확인되면 교사는 살짝 길잡이 정보를 주어 바로잡도록 도와주어야 한다. 길잡이 정보는 인지적 혹은 메타인지적(metacognitive, 상위인지 혹은 초인지라고도 하며 자신의 사고·기억·학습 등 인지과정에 대해 생각하고 분석하는 것을 말함-옮긴이) 전략이며 학습자의 사고를 유도하는 데 중점을 둔다. 만일 길잡이 정보 제공을 통해서도 오개념과 오류를 바로잡지 못하면 추가적으로 단서를 제공한다. 이런 단서는 도움이 되는 자료를 이용해 학습자의 주의를 환기시킨다. 5장에서 상세히 살펴보겠지만, 안내식 지도(guided instruction)는 학급 전체가 아니라 개별 학생들의 학습 과정에서 나타나는 요구를 해결하는 데 효과적이다.

형성평가 시스템에서 안내식 지도는 학생들에게 추가적인 지도를 하면서 피드백을 제시할 수 있는 적절한 기회를 마련해준다. 안내식 지도를 통해 교사는 학생들의 실시간 반응을 보면서 향후 지도의 방향을 설정할 수 있다. 그만큼 형성평가 시스템에서 중추적인 역할을 한다. 다음은 수학 문장을 부등식으로 표현하는 개념을 어려워하는 모둠 구성원들과 교사가 주고받은 대화 내용이다.

교사   여러분이 작성한 답에 대해 좀 더 이야기를 나눠보자. 뭐라고 작성했는지 읽어보렴.

알렉시스 문장에는 "20에서 어떤 정수의 4배를 뺀 값이 4보다 작다"라고 되어 있어요. [20-4x < 4]

교사   그렇지. 모둠 활동지에 뭐라고 적었니?

브랜든   이렇게요. [활동지를 가리킨다]

교사   선생님한테 읽어줄 수 있니? 칠판에 나와 있는 것 말고

활동지에 적혀 있는 대로 읽어볼까?

저스틴 20에서 4를 뺀 후 어떤 정수를 더한 값이 4보다 작다고 썼어요. [20-4+x < 4]

교사 조금 전에 알렉시스가 읽었던 문장이랑 똑같이 들리니?

학생들 네?

교사 **4배**라는 단어를 생각해보자.

알렉시스 4를 곱하라는 뜻이에요.

저스틴 그런데 우리는 곱하기를 안 했어요.

브랜든 어디에 곱하기를 해요?

알렉시스 혹시 여기예요? [빼기 표시를 가리킨다]

교사 주의하렴. 문장을 다시 한 번 읽어보자.

알렉시스 "20에서 어떤 정수의 4배를 뺀 값이 4보다 작다." 아, 먼 저 20을 쓰고 빼기를 써야 해요.

저스틴 그런 다음 **4배**라고 되어 있으니까 곱셈을 해야 해요. 그 런데 빼기 바로 옆에 곱셈을 할 수가 없는데요.

교사 ['어떤 정수의 4배' 근처에서 손짓 신호를 보낸다]

브랜든 잠깐만요, 4x였네요. 4를 뺀 후 x를 더하라는 뜻이 아니 에요.

알렉시스 아, 20-4x < 4. 이게 맞죠?

저스틴 그렇구나. 다시 읽어볼게요. 저기 나와 있는 문장이랑 똑같아요. [칠판에 제시된 문제를 가리킨다]

교사는 이렇게 간단한 대화만으로도 학생들의 사고를 촉진하거나 단서를 줄 수 있고, 그 결과 학생들은 성공을 경험하고 과제를 완수할 수 있다. 학생들에게 추가 지도가 필요할까? 아마도 그럴 것이다. 이처럼 형성평가 시스템은 현재의 이해수준과 원하는 목표 사이의 격차를 줄여준다(Hattie, 2009).

4. 생산적 모둠활동

학생들은 교사로부터, 그리고 교사와 함께 많은 것을 배우지만, 동료 학생들과 어울려 무언가를 창조하고 생산하는 활동을 하지 않는다면 이해를 강화하지 못할 가능성이 높다.

21세기에 개정된 블룸의 분류체계(Bloom's taxonomy)를 보면, '창조'는 최상위 사고활동으로 배치될 정도로 중요도가 높아졌다(〈표 1.3〉 참조). 학생들이 무언가를 창조하려면 새로운 방식으로 사전지식을 활용하고 과제를 완수하기 위한 자원을 끌어 모아야 한다. 매튜 크로포드(Matthew Crawford)가 『모터사이클 필로소피』(Shop Class as Soulcraft, 연구실을 박차고 나와 오토바이 수리공이 된 정치철학자의 자전적 에세이. 진정한 삶은 머리가 아닌 몸으로 경험하는 것임을 역설함-옮긴이)에서 주장했듯이, 사고는 행동과 분리되어서는 안 된다. 이해를 강화하는 것이 행동이다. 물론 이 사실을 교육자들은 오랫동안 알고 있었다. 그럼에도 여러 좋지 못한 사례를 겪으면서, 모둠활동이 좋은 방안이긴 하지만 부정적인 면이 크다는 인식을 갖게 되었다. 당신 역시 모둠에 소속되어 온갖 일을 도맡아 하고 그 공로를 구성원들과 나눠야 했던 경험이 있지 않은가.

표 1.3 **21세기 블룸의 분류체계**

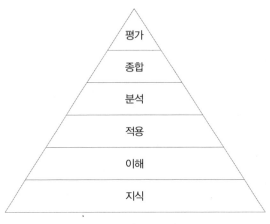

오리지널 버전(Bloom, 1956)

21세기 버전(Anderson & Krathwohl, 2001)

출처: 『Guided instruction: How to develop confident and successful learners(안내식 지도: 학습자가 자신감
과 성취감을 획득하는 법)』(Fisher & Frey, 2010, p.11), 저작권은 ASCD에 있으며 승인을 받아 게재

표 1.4 **돌아가며 의견쓰기**

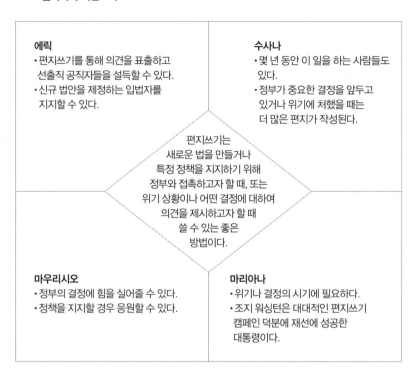

에릭
• 편지쓰기를 통해 의견을 표출하고 선출직 공직자들을 설득할 수 있다.
• 신규 법안을 제정하는 입법자를 지지할 수 있다.

수사나
• 몇 년 동안 이 일을 하는 사람들도 있다.
• 정부가 중요한 결정을 앞두고 있거나 위기에 처했을 때는 더 많은 편지가 작성된다.

편지쓰기는 새로운 법을 만들거나 특정 정책을 지지하기 위해 정부와 접촉하고자 할 때, 또는 위기 상황이나 어떤 결정에 대하여 의견을 제시하고자 할 때 쓸 수 있는 좋은 방법이다.

마우리시오
• 정부의 결정에 힘을 실어줄 수 있다.
• 정책을 지지할 경우 응원할 수 있다.

마리아나
• 위기나 결정의 시기에 필요하다.
• 조지 워싱턴은 대대적인 편지쓰기 캠페인 덕분에 재선에 성공한 대통령이다.

여기서 말하는 생산적 모둠활동이란 그런 것이 아니다. 데이비드 존슨(David Johnson)과 로저 존슨(Roger Johnson)이 구상했던 협동학습과도 다르다. 생산적 모둠활동의 핵심은 개별 책무성(accountability)이다. 각 구성원은 상호작용을 바탕으로 자신만의 무언가를 생산해내야 한다. 그리고 학생들은 또래와 상호작용을 하면서 과제를 수행해나가는 바로 그 순간에 그간 훈련해온 학문적 용어와 논증기법을 활용한다(1999).

〈표 1.4〉는 정부론 수업에서 생산적 모둠활동을 통해 도출해낸 학

습결과물이다. 구체적으로 모둠에 속한 개별 학생들이 정리한 결과물 가운데 하나다. 학생들은 선출직 공직자에게 편지를 쓰는 일의 중요성을 다룬 텍스트를 읽었다. 각자가 읽은 내용은 활동지의 왼쪽 상단 사분면에 기록했다. 그 다음 한 사람씩 자신이 읽은 내용에 대해 발표하면 나머지 구성원들은 그 내용을 빈칸에 적었다. 읽기와 토론을 마친 후 활동지 중앙에 각자 한 문장으로 요약문을 작성했다.

형성평가 시스템에서 학생들이 생산적 모둠활동 시간에 만들어낸 결과물은 이해의 수준을 확인하는 훌륭한 자료로 활용할 수 있다. 교사는 이런 학습결과물을 수업목적과 비교 검토한 뒤 어떤 학생에게 추가적인 지도가 필요한지 결정한다(다음 장에서 설명할 것이다). 예를 들어, 에릭이 작성한 활동지를 간단히 훑어보는 것만으로 그가 학습 내용을 제대로 이해하고 있으며 모둠 구성원들이 매우 흥미로운 대화를 나누면서 관련 사항을 기록했다는 사실을 알 수 있다. 활동지를 검토한 교사는 자신이 선출직 공직자들을 찾는 과정을 시범보이고, 그들이 특정 이슈에 대해 어떤 관점을 보이는지 꼼꼼히 살펴본 후, 그중 한 명에게 쓸 편지의 주제를 정했다.

5. 독자적 과제수행

교육의 목표는 독자적으로 정보에 접근, 활용할 수 있는 평생학습자를 양성하는 것이다. 따라서 모든 수업에는 배운 내용을 학생 스스로 적용해볼 수 있는 기회가 반드시 포함되어야 한다. 학생들은 수업 중이든 수업 이후든 독자적 과제(independent tasks)를 통해 학습한 내용을 적용해볼 기회를 갖는다.

독자적 과제가 효과적이려면 무엇보다 타이밍이 중요하다. 즉, 학생들이 교사 및 또래와 함께 학습내용을 어느 정도 성공적으로 습득한 이후에 과제를 독자적으로 수행해야 한다. 학습내용을 소개한 직후에 제시하는 숙제는 효과가 없다. 예를 들면, 학생들에게 선의 기울기를 계산하거나 분수의 덧셈법을 처음 설명한 날에는 관련된 숙제를 내지 않는 것이 좋다. 수업 사이클의 측면에서 시기적으로 너무 이르기 때문이다. 숙제가 나쁘거나 유해하다는 말이 아니다. 숙제는 학생이 준비되었을 때 내줘야 한다는 뜻이다. 형성평가 시스템에서 학생 각자는 독자적으로 수행하는 과제를 통해 연습과 응용을 해볼 수 있다. 교사 입장에서는 학생들이 먼저 학습한 내용을 제대로 파악했는지 혹은 추가적인 설명이나 지시가 필요한지 등을 판단하는 검토 수단이 되기도 한다.

학습에 대한 책임의 점진적 이양(gradual release of responsibility, GRR) 모델은 반드시 특정 순서대로 진행되지 않아도 효과를 볼 수 있다. 예를 들어 교사가 "우리는 환경과 어떻게 **연결되어** 있을까?"라고 질문하고 학생들에게 독자적으로 일지를 쓸 것을 주문하면서 수업을 시작한다고 가정해보자. 타이머가 울리면 교사의 지시에 따라 학생들은 3인 1조가 되어 모둠별 아이디어를 시각적으로 표현한다. 생산적 모둠활동의 일부로서 학생들은 저마다의 색깔로 글을 작성하고, 그걸 통해 교사는 학생 개개인의 기여도를 추적할 수 있다. 모둠활동이 이루어지는 동안 교사는 안내식 지도를 위해 모둠별로 찾아가서 적절한 질문을 던지면서 구성원들의 답변을 촉진하거나 단서를 제공한다. 몇

몇 모둠을 돌아보는 동안 필요한 부분을 파악한 뒤 학생들을 주목시킨다. 교사는 '연결'이라는 단어를 교사 자신이 어떻게 이해하고 있는지 '씽크 얼라우드(think-aloud)' 기법을 통해 먼저 설명하고, 물리적으로나 은유적으로 연결될 수 있는 다양한 사례와 방식을 학생들에게 제시한다. 그런 다음 수업의 목적을 확립하고, 학생들에게 각자의 모둠으로 돌아가서 추가 정보를 참고하여 활동지를 완성할 것을 요청한다.

거듭 말하지만, 구성요소의 순서는 중요하지 않다. 중요한 것은 수업과정에서 필요한 사항이 무엇인지 확인 가능하고, 학생들에게 피드백을 제공할 수 있으며, 적절한 학습을 계획할 수 있는 수업 프레임워크가 교사에게 있어야 한다는 것이다.

1장 요약 & 2장 미리보기

지금까지는 교사들이 학생들의 성과자료를 가지고 적절한 조치를 취할 수 있는 방법론으로서 형성평가 시스템을 소개했다. 피드업, 피드백, 피드포워드로 구성된 형성평가 시스템은 수업목적 및 목표에 대한 학생들의 이해를 돕고 학습의 성공에 필요한 정보를 제공하여 양질의 수업을 경험하게 함으로써 현재 알고 있는 것과 할 수 있는 것, 그리고 기대되는 것 사이의 격차를 줄인다.

지금은 그 어느 때보다 학생들에 관해 수집되는 정보가 많다. 하지만 그러한 정보 대부분이 수업과 관련된 결정을 내릴 때 활용되지 않는다. 아마도 교사들이 피드백에 너무 많은 시간을 할애하는 까닭에 피드업과 피드포워드까지 실행할 시간이 충분치 않기 때문일 것이다.

앞서 지적한 대로, 오로지 피드백에만 초점을 맞추면 학생들이 학습에 어려움을 겪을 때 그 책임을 학생들에게 떠안기게 된다는 점에서 비효율적이다. 대신, 성과자료를 활용하여 향후 지도와 관련된 결정을 내릴 수 있는 수업 프레임워크가 필요하다. 학습에 대한 책임의 점진적 이양(GRR)을 근간으로 하는 수업 프레임워크는 적절한 시점에 학생들의 책임을 확대하거나, 필요에 따라 책임 범위를 재설정하는 계획적인 방법을 교사들에게 제공한다.

다음 장에서는 형성평가 시스템의 첫 번째 부분인 피드업에 주목한다. 먼저 수업 목적을 확립하는 방법과, 그 내용을 명확하게 전달하는 것이 왜 중요한지 살펴볼 것이다. 또 어떻게 목적의 확립이 학생들의 내재적 동기를 유발하여 학습에 대한 내적조절을 이끌어내는지 탐색한다. 그리고 학습에서 동기부여의 역할도 면밀히 살펴볼 것이다.

THE
FORMATIVE
ASSESSMENT
ACTION
PLAN

피드업:
어떤 목표를
향해 가고 있는가?

얼마 전 더그는 목표 하나를 설정했다. 백혈병 연구 기금 마련을 위한 마라톤 행사에 참가하기로 한 것이다. 더그가 이런 결정을 내린 데는 어느 정도 이타적 동기가 작용했다. 백혈병 연구 기금 마련이라는 취지에 공감하고 그 중요성을 강하게 느꼈기 때문이다. 사회적 동기도 조금은 작용했는데, 자신이 가르치고 있는 학생들과 동료 교사 몇 명이 자원봉사자와 워커(walker, 마라톤 행사에서 달리지 않고 걸어서 마라톤 코스를 통과하는 참가자–옮긴이)로서 마라톤 행사 참가에 관심을 보였기 때문이다. 또 최고액 기금 모금자가 되고 싶다는 그의 경쟁적 성향 역시 한몫했다. 물론 마라톤이라는 어려운 과제를 완수했을 때 얻게 될 개인적 성취감도 간과할 수 없었다.

행사를 준비하는 동안 몇 가지 요인이 성공에 중요한 역할을 했다. 먼저 그는 마주치는 모든 사람들에게 이렇게 말했다. "6월에 마라톤에 나갈 겁니다." 이 말이 어느 정도 공적 책임감을 부여하고 기금 모금을 위한 자신의 노력에 도움이 된다는 사실을 깨달았던 것이다. 주변 사람들에게 "마라톤을 완주하는 사람이 전체 인구의 1퍼센트도 안 된답니다"라고 이야기하면서 엘리트 그룹의 일원이 되겠다는 더 큰 포부를 밝히기도 했다. 후원기관의 도움을 받아 훈련계획을 수립하고 진척상황을 정리하여 기록했다. 훈련계획은 체계적이고 점진적이었다. 무엇보다 중요한 것은 목표로 가는 길을 구체적으로 설계했다는 점이다. 또 장비와 트레이닝, 영양섭취 등에 관한 유용한 정보를 얻기 위해 장거리 주자들과 의견을 나누기도 했다.

더그가 마라톤 참가에 접근하는 방식과 교실에서의 교수학습 역학 관계(dynamics of teaching and learning), 둘 사이에는 비슷한 점이 있다. 무엇보다 정보의 공유가 중요하다. 그런 이유로 이 책에서도 한 장 전체를 할애해 학습에 대한 책임의 점진적 이양 모델(GRR)의 중요성을 설명할 것이다. 핵심은 수업과 성취의 교차적 배열이야말로 학생들을 자극해 앞으로 나아가게 만드는 내재적·외재적 요인이라는 것이다. 이번 장에서는 먼저 교수학습 사이클의 필수적인 측면, 즉 피드업 과정에서의 목적 확립, 동기 강화, 목표 설정에 대해 설명하겠다.

수업 사이클에서 피드업

피드업(feed-up)은 학습 및 창작 과정에서 학습자를 파트너로 삼는다는 점에서 교수활동의 핵심이라 할 수 있다. 특히 동기부여와 관련하여 각 학습자의 특성을 결정짓는 개별 변수들을 다룬다. 경험 많은 교사라면 누구나 알듯이, 한 학생에게 효과적인 동기가 다른 학생에게는 통하지 않을 수도 있다. 피드업 프로세스는 교사와 학생이 공통적으로 묻는 질문, '어떤 목표를 향해 가고 있는가?'를 다룬다.

타 지역에 살고 있는 지인을 방문하기 위해 여행을 떠난 경험이 있다면 떠올려보자. 어디로 갈지 알고 있는 당신은 목적지에 도착하기 위한 가장 좋은 방법, 소요 시간 그리고 이동과정을 결정할 수 있다. 중간에 계획을 수정할 수도 있다. 운송회사의 사정이나 교통문제로 중간에 불편을 겪을 수도 있으니까. 그리고 드디어 미소 짓는 지인의 얼굴을 마주하는 순간 원하는 곳에 제대로 도착했음을 확실히 깨닫는다.

여느 여행과 마찬가지로, 어디로 가고 싶은지 결정하는 것도 학습과정의 중요한 부분이다. 그리고 '어떤 목표를 향해 가고 있는가?'에 대한 답은 교사와 학생이 공유해야 한다. 전통적인 교실에서는 '무엇을 언제' 배울 것인가를 결정할 책임이 교사에게 있고, 학생들에겐 수동적인 학습자의 역할만 주어졌다. "이거 시험에 나와요?"라고 묻는 학생은 제한된 방식으로나마 자신의 책임을 일부라도 되찾기 위해 필사적으로 노력했다. 제이 맥타이(Jay McTighe)와 켄 오코너(Ken O'Connor)는 학습자가 자신의 학습능력을 신뢰하게 되는 3가지 요인을 다음과 같이 설명했다.

1. **과제의 명확성:** 학습목표를 명확하게 이해하고, 배운 내용에 대해 교사에게 어떤 평가를 받을지 잘 아는 경우
2. **삶과의 관련성:** 학습목표와 평가가 의미 있고 배울 만한 가치가 있다고 생각하는 경우
3. **성공 가능성:** 성공적으로 학습한 뒤 평가에서 기대수준을 충족할 수 있다고 믿는 경우(2005, p.15)

이런 이유로 목적 확립, 동기 강화, 목표 설정의 세 요소에 주목하는 것이 학습과정에서 중요하다. 각 요소를 제대로 파악하고 있을 때 학생들은 학습에서 더욱 능동적인 역할을 담당하게 된다.

목적 확립

학습에 적극적으로 참여하도록 학생들의 동기를 자극하는 일은 목적 확립의 단계에서 시작된다. 그런데 "이 내용을 배울 거야. 왜냐하면 내가 그렇게 말했으니까"라는 식으로, '순응(compliance)'만을 분명한 목적으로 내세우는 학교가 너무나 많다. 교사에 대한 복종을 강요할 때 일부 학생은 (적어도 잠시 동안은) 집중시킬 수 있겠지만 대다수 학생은 놓칠 것이다. 이렇게 놓친 학생들은 사회적으로나 행동 면에서 문제를 드러내고 자주 말썽을 일으키는 요주의 대상이 된다.

수업의 목적에는 학습할 내용, 학습이 이루어지는 과정에서 학습자의 역할, 그리고 상호작용에 대한 기대가 제시되어야 한다. 이 세 가

표 2.1 목적별 진술문의 올바른 예시와 잘못된 예시

목적	진술문의 올바른 예시	진술문의 잘못된 예시
내용	할로겐의 특성을 배운다.	주기율표의 사용법을 배운다.
언어	그림이나 도형을 이용한 시각적 체계인 그래픽 오거나이저(graphic organizer)를 활용하여 할로겐 원소들을 비교·대조하고, 유사점과 차이점에 대해서 짝과 토론한다.	논리와 증거를 이용해서 구체적으로 설명한다.
사회성	짝과 협력하여 그래픽 오거나이저를 수정한 뒤 제출한다.	친절하게 대한다.

지를 각각 내용 목적, 언어 목적, 사회성 목적이라고 부른다(Fisher, Frey, & Rothenberg, 2008). 세 요소를 종합하면 오늘 무엇을 배울지, 어떤 활동을 할지, 그리고 과제 해결을 위해 동료 학생들과 어떻게 협업할지 설명이 가능하다. 여기서 핵심 키워드는 '오늘'이다. 사실 지금까지는 내용 목적, 언어 목적, 사회성 목적이 너무 광범위해서 학습자들이 시도하기 쉽지 않을 때가 많았다. 〈표 2.1〉의 두 가지 버전을 비교해서 살펴보자.

〈표 2.1〉의 '잘못된 예시'는 오늘 학습할 것에 대한 설명으로 부적절하다. 더 큰 기능이나 개념을 표현하는 데는 효과적일지 몰라도 학습자 입장에선 쉽게 달성할 수 없을 것 같은 느낌이 든다. 그리고 구체성이 부족해서 자신이 지금 앞으로 나아가고 있는지 아닌지 확신할 수 없다. 오늘 무엇을 해야 할지 구체적인 계획이 빠진 야심찬 목표의

진술만으로는 효과가 제한적일 수밖에 없다. 마치 더그에게 마라톤 참가를 제안한 다음 그 방법을 직접 알아보도록 내버려두는 것만큼이나 어리석은 일이다.

반면에 '올바른 예시' 속 문구들은 무엇을 배울 것인지, 관련 내용을 가지고 무엇을 해야 하는지, 학습과정에서 동료들과 어떻게 상호작용을 할지 구체적인 행동계획을 알려준다. 화학수업을 듣는 학생은 다음과 같은 설명을 듣게 될 것이다.

오늘은 주기율표 17족 원소인 할로겐에 대해서 배우겠습니다. 할로겐 원소의 고유한 특성을 살펴본 뒤 실험실 짝과 함께 차트에 나와 있는 다른 원소들과의 유사점 및 차이점에 대해서 토론합니다. 그런 다음, 두 사람은 할로겐이 다른 족의 원소들과 어떻게 비교되는지를 보여주는 그래픽 오거나이저를 만듭니다.

위의 설명을 듣는 대상이 '학생'이라는 점을 감안해서 학습목표를 생각해보자. 대부분의 수업이 목표에 맞게 구성된다고는 하지만 목표는 주로 '교사'를 염두에 두고 만들어진다. 그 편이 수업설계에 효율적이기 때문이다. 그러나 수업목표를 계속 상기시키기 위해 학생들에게는 위의 예시처럼 반드시 목적 진술문으로 바꿔서 전달해야 한다. 일부 교실, 특히 어린 학생들이 공부하는 교실이라면 목적 진술문을 게시판에 참고용으로 부착하는 것도 좋다. 예를 들어 유치원 교사는 이야기의 구성방식과 관련하여 다음과 같은 내용 목적을 교실 벽에 게시할 수 있다.

'이야기를 듣고 등장인물과 배경 그리고 주요 사건을 이해한다.'

학생들에게 목적 진술문을 전달하는 한 가지 방법은 '나는 ~할 수 있다' 진술문을 활용하는 것이다(Au, Carroll, & Scheu, 1995). 미래의 성취를 표현하는 진술문은 학생에게 친숙한 언어를 사용하여 예상되는 학습결과를 전달한다. 즉 학생들이 현 시점에서 할 수 있는 것이 아니라 수업이 끝난 후에 할 수 있게 되는 것을 반영한다. 교사들은 마음속에 세워둔 목표나 목적에 맞춰 수업계획을 세운다. 물론 캐서린 우(Kathryn Au)의 지적대로, 이때 교사가 무엇을 기대하는지 "학생들, 특히 저학년 학생들이 쉽게 이해할 수 있도록 다른 말로 표현하는 작업을 해야 할 수도 있다"(2010, p.18).

앞의 유치원 사례에서 제시한 목적을 '나는 ~할 수 있다' 진술문으로 바꾸면 이렇다.

'나는 등장인물의 이름과 배경, 주요 사건 그리고 전체 내용을 다시 말할 수 있다.'

이처럼 '나는 ~할 수 있다' 진술문은 목적 진술문과 밀접한 관련이 있을 때가 많다. 반대로 수업목적이 추상적이면 학생들은 학습할 내용이 무엇인지 확실하게 파악하기 힘들다. 〈표 2.2〉는 '나는 ~할 수 있다' 진술문의 예를 나열한 것이다.

목적을 명확하게 하면 초기학습이 뒤의 학습으로 이어지는 전이(transfer) 과정이 촉진된다. 위의 화학수업 사례에서는 내용 목적(할로

표 2.2 '나는 ~할 수 있다' 진술문의 예

읽기

나는 나만의 방식으로 전체 내용을 다시 말할 수 있다.

나는 다양한 텍스트를 읽으면서 글의 취지를 이해할 수 있다.

나는 내가 읽은 것과 내 삶을 연결할 수 있다.

나는 텍스트 간의 관련성을 찾을 수 있다.

나는 글을 읽고 주제를 파악할 수 있다.

쓰기

나는 글을 써서 내 생각을 전달할 수 있다.

나는 다양한 목적과 독자를 대상으로 글쓰기를 할 수 있다.

나는 내가 쓴 글에서 '나'를 보여줄 수 있다.

토론

나는 바람직한 독서토론이 되도록 기여할 수 있다.

(a) 나는 주제에서 벗어나지 않고 말할 수 있다.

(b) 나는 내 생각과 느낌을 공유할 수 있다.

(c) 나는 동료의 생각과 의견을 존중할 수 있다.

(d) 나는 동료의 생각을 발전시킬 수 있다.

(e) 나는 동료를 토론에 참여시킬 수 있다.

평가

나는 내가 배운 것과 알게 된 방식을 보여주거나 말할 수 있다.

문화

나는 문화적·역사적 가치를 갖는 세공품이나 장식품을 활용하여 다음을 설명할 수 있다.

(a) 내 주변의 문화유산

(b) 다른 나라의 문화

(c) 문화 간의 유사점과 차이점

나는 문화를 정의할 수 있고, 문화가 어떻게 변화하는지 밝힐 수 있다.

출처: 「Thinking for ourselves: Literacy learning in a diverse teacher inquiry network(스스로 사고하기: 다양한 교사 탐구 네트워크에서 리터러시 학습)」(Raphael, Florio-Ruane & Kehus, 2001)「The Reading Teacher」, 54권(6호), pp.596-607. 저작권은 International Reading Association에 있으며 승인을 받아 게재

겐의 고유한 특성)이 초기학습을 나타낸다. 배운 내용을 적용할 수 있으면 좀 더 영속적인 학습이 이루어진 것으로 판단한다. 이와 같은 학습의 적용을 '전이'라고 한다. 화학수업의 목적 진술문에서는 오늘 어떻게 전이를 달성할 것인지, 언어 목적(할로겐과 다른 원소들의 유사점 및 차이점을 토론한 후 그래픽 오거나이저로 보여줌)을 이용해 학생들에게 알렸다. 물론 학습의 전이는 단순히 목적을 알렸다고 해서 자동으로 일어나진 않는다.『학습과학(How People Learn)』(2007)에서 저자들은 "중요한 것은 전이에 대한 관점이다. 전이란 학습자가 능동적으로 전략을 선택·평가하고, 자원을 고려하여 피드백을 수용하는 역동적인 과정이다"라고 강조한다(Bransford, Brown, & Cocking, 2000). 목적 진술문을 통해 무엇을 배우고 어떻게 적용할 것인지, 그에 대한 스키마(schema, 정보를 통합하고 조직화하는 인지적 개념 또는 틀-옮긴이)가 만들어진다.

스키마의 형성은 모든 학습자에게 필수적이지만 영어학습자(English Language Learners, 영어 이외의 언어를 모국어로 하는 영어학습자-옮긴이)에게 각별히 중요하다. 여러 가지 상황이 있겠지만, 특히 학문적 용어가 등장하면 영어학습자는 수업을 이해하기 위해 모국어와 영어 사이에서 주관적인 번역에 의존해야 할 때가 많다. 영어학습자가 언어를 처리하고 이해하는 능력은 단어의 유형에 따라 균일하게 발현되지 않는다. 가령 중급 단계의 영어학습자는 대개 기능어(접속사, 전치사, 관사)보다 내용어(명사, 형용사, 동사, 부사)를 더 정확하게 처리한다. 화학수업에서 영어학습자는 with, to, on 등의 기능어를 이해하는 것보다 halogen(할로겐), discuss(토론하다), graphic organizer(그래

픽 오거나이저) 등의 내용어를 정확하게 해석할 가능성이 높다(Dutro &
Moran, 2003). 목적 진술문은 이런 기능어를 교사의 행동 및 몸짓과 결
합시켜 '자연스러운 언어 사용의 다양한 예시'를 학습자에게 제공해
서 언어의 이해를 촉진한다(Field, 2008, p.429).

목적 확립은 학습자를 적극적 파트너로 보는 피드업 프로세스의
구성요소 가운데 하나다. 또 다른 요소는 동기부여인데 여기에는 내
적동기와 외적동기가 모두 포함된다. 동기는 목적과 연결되어 있다.
확립된 목적에 따라 학생들의 흥미가 결정되기 때문이다. 그렇다고
해서 학생들이 개별적으로 흥미를 보이는 것들만 학습해야 한다는 얘
기가 아니다. 특정 학년마다 특정 사항을 배워야 한다. 학년별, 과목별
성취기준이 정해져 있기 때문이다. 이러한 성취기준을 달성하기 위한
목적을 관련성 있게 만들어서 학생들이 수업내용에 관심을 갖도록 유
도하는 것이 교사의 역할이다.

동기 강화

동기부여(motivation) 그리고 동기가 학습에 미치는 영향은 오랜 기간
교육연구의 대상이 되어왔다. 동기부여는 "사람들이 학습을 위해 기
꺼이 바치는 시간의 양에 영향을 미친다"(Bransford et al., 2000, p.60).
그만큼 학습에서 필수적인 역할을 담당한다.

동기의 수준은 몇 가지 조건에 따라 강화되거나 저하된다. 첫 번째,
정보가 학습자의 삶과 어떤 관련성(relevance)이 있는가이다. 비행기

가 이륙하기 전 공지되는 기내 안전수칙을 떠올려보자. 승무원이 승객들에게 중요한 정보를 안내하지만 대개는 무시된다. 그러나 비상사태가 발생하면 이 정보는 대단히 중요해진다. 승객들은 승무원의 설명에 집중하고 모든 지시를 충실히 따를 것이다. 차이점은 삶과의 관련성을 어떻게 자각하느냐이다. 연기로 가득 찬 기내는 승객들을 자극하여 신속하게 잘 배우도록 동기를 부여한다. 지금 우리는 일촉즉발의 위험한 분위기를 조성하는 것이 동기부여의 좋은 도구라고 권하는 것이 아니라, 삶과의 관련성이 얼마나 중요한지에 대한 이야기를 하는 것이다. 화학수업 사례에서 살펴봤던 언어 목적이 연기로 가득 찬 기내만큼 극적이진 않을 것이다. 하지만 그래픽 오거나이저를 만들 예정이라는 사실을 알려준다면 할로겐에 대한 학습을 삶과 더욱 관련성 있는 과정으로 만들 수 있다.

두 번째는 역량(competence)과 관련이 있다. 학습자가 자신을 능력 있는 학습자로 바라볼 때 동기는 더욱 강화된다. 자신이 특정 과목을 잘 못한다고 단정해버린 어느 학생의 축 처진 어깨를 우리 모두는 목격한 바 있다. 그 학생은 "난 수학을 못해, 수학에 재능이 없어"라고 말했을 것이다. 이 같은 자기충족적(self-fulfilling) 예언은 행동으로 이어지고, 그 학생은 실제로 수학을 잘 못할 가능성이 상당히 높다. 그 후 수학과목의 낮은 성취도는 수학을 못한다는 증거로 활용된다. 벗어나기 힘든 족쇄인 것이다. 이 학생이 가진 지능에 대한 고정관점(fixed mindset)은 스스로를 수학을 못하는 사람이라는 제약 속에 가둔다. 불행하게도, 때때로 이 같은 상황은 노력("열심히 한 게 보이는구나!")보다 지능("이렇게 하다니 참 똑똑하구나!")을 칭찬하는 선의의 어른들에

의해 의도치 않게 강화된다. 둘의 차이가 중요한 이유는 전자가 지능과 관련해서 성장관점(growth mindset)에 주목하기 때문이다(Dweck, 2007). 공부를 잘하는 학생이라도 지능을 칭찬하는 것은 실패의 발판을 마련해주는 것이나 다름없다. 이들은 향후 어떤 과목에서 어려움을 겪게 되면 자신이 '똑똑하지 않기' 때문이라고 해석할 수밖에 없다. 더욱이 이 학생들은 부족한 지능이 드러날지 모른다고 생각하기 때문에 기꺼이 해낼 수 있음에도 불구하고 도전적 과제를 기피한다. 지능을 칭찬받은 학생들은 성공하기 힘든 과제에 대해서는 시도하려는 의지가 낮다. 이들은 총명하게 보이는 것이 중요하기 때문이다(Dweck, 2007).

지능에 대한 고정관점은 부정적인 행동을 초래할 수 있다. 똑똑하지 않기 때문에 잘할 수 없을 거라고 믿는 학습자들은 두 가지 바람직하지 않은 선택을 하게 된다. 자신을 멍청이 같다고 말하거나, 혹은 안 하니까 잘 못하는 것 뿐이라고 평가하는 것이다. 이런 학생들이 두 번째 선택을 좀 더 선호하는 이유는 자아개념(self-concept)을 조금이라도 보호할 수 있기 때문이다. 논리는 이렇다. '멍청한 것보다는 차라리 게을러 보이는 편이 낫다.' 이런 상황에서 과제 완수율과 출석률이 어떨지는 뻔하다.

지능이 바뀔 수 있다고 믿는 학생들은 노력의 중요성을 이해하고, 처음부터 쉽게 얻어지는 것은 없다는 사실을 분명하게 인식하고 있으며, 도전을 배움의 과정으로 생각하고 적극 받아들인다. 이런 학생들은 학습을 마치 근육처럼 키우고 훈련해야 하는 대상으로 바라본다. 비록 좌절을 겪기도 하겠지만 교사 면담, 질문하기, 숙제 도움받기, 시험에 대비해 공부하기 등과 같은 학습전략을 쓰면 성적 향상으로 이어진다는 사실을 잘 알기 때문에 회복력이 훨씬 뛰어나다. 노력을 인정받은 학생들은 유연한 성장관점을 발전시킬 가능성이 높다.

이와 같은 성장관점을 지닌 학생들이 교실 문 앞에 당도한다면 더없이 좋겠지만, 현실은 그렇지 않은 경우가 많다. 우리가 근무하는 고등학교(저자인 낸시 프레이와 더글러스 피셔는 같은 학교에 근무하고 있다-옮긴이)에서는 이 주제를 중점적으로 다루어왔다. 먼저 학기가 시작되면 첫 주 동안 학생들은 끈기와 지능을 바라보는 유연한 관점에 대해 학습한다. 학생 스스로 어떤 사람인지 판단할 수 있도록 17개 문항으로 구성된 평가표를 건네고 '그릿(grit)', 즉 장기목표를 달성하기 위한 끈기와 열정을 측정한다. 흥미롭게도 그릿은 미국 '내셔널 스펠링비(National Spelling Bee, 영어 철자 맞추기 대회-옮긴이)' 결승 진출자들과 웨스트포인트(West Point, 미국 육군사관학교-옮긴이) 졸업생들 그리고 성공한 교사들에게서 공통적으로 나타나는 주요인자로 밝혀졌다(Duckworth, Petersen, Matthews, & Kelly, 2007). 〈덕워스(Duckworth) 교수와 동료 연구진이 개발한 그릿 평가표는 www.sas.upenn.edu/~duckwort/images/17-item%20Grit%20and%20Ambition.040709.pdf에서 다운로드할 수 있다〉.

일 년 내내 학생들은 성장관점에 역점을 두고 뇌신경생리학, 지능, 학습이론 수업에 참여한다. 우리는 '배움에 늦음이란 없다'라는 학교의 설립이념을 거듭 알리는 과정을 통해 성장관점을 강화한다. 이 모든 시도는 마음가짐을 바꾸겠다는 학생들의 의지가 수반되지 않으면 무의미할 것이다. 그래서 우리는 점심시간과 방과 후에 개별지도를 제공하고, 뒤처진 학생들을 위한 '학업 회복(academic recovery, 학습에 어려움을 겪는 학생들을 지원하기 위한 일종의 개별화 계획-옮긴이)' 일정을 매주 근무시간 계획표에 포함시킨다. 뿐만 아니라, D와 F를 '불완전 이수(Incomplete)'로 대체하는 평가시스템도 개발했다. 이런 시도 덕분에 학생들은 끝까지 끈기를 발휘하여 누락되거나 불합격한 시험과 과제를 보강할 수 있다. 2주 이상 불완전 이수를 끌고 온 학생들은 학업 회복 협약서를 쓴다. 그리고 자신들의 노력 과정을 점검하고 조정해주기 위해 풀타임으로 배정된 교사의 지원을 받는다(일부 학생들은 시달린다고 말할 수도 있다). 협약서에는 누락되거나 불합격한 과제를 완수하기 위한 학생의 계획도 포함된다(〈표 2.3〉과 〈표 2.4〉 참조). 그리고 학년 말까지 완수하지 못한 과제는 방학 중 교육과정으로 편성된다(Fisher, Frey, & Grant, 2009).

힘든 상황에서도 열심히 노력하고 애쓰는 학생들의 모습을 칭찬하는 '그릿레터(grit letter)'를 수기로 작성하여 각 가정에 정기적으로 발송한다. 학급에서 잘하는 학생을 칭찬할 때와 마찬가지로, 그릿레터에 쓰는 표현들 역시 성공을 결정짓는 변수로서 타고난 지능이 아닌 노력의 역할에 중점을 둔다. 가정에서는 우편으로 받아보는 그릿레터가 자녀들에게 얼마나 유의미한지 교사들에게 주기적으로 전달해준다.

개인 책무성, 뒤처진 학생들을 위한 구체적이고 실현 가능한 계획, 칭찬의 말 같은 외적인 동기부여 도구를 활용하는 것은 점수와 포상에 의존하는 기존의 외적 보상체계와 큰 차이가 있다. 이런 동기부여 도구들의 목적은 학습자의 내적 동기부여 역량을 강화해서 자기조절

표 2.3 **학업 회복 협약서**

학업 회복 체크리스트

학생 이름: _____

회의 날짜: _____

교과목:
☐ 대수학 I　　☐ 대수학 II　　☐ 기하학
☐ 세계사　　☐ 미국 역사　　☐ 정부론
☐ 9학년 영어　☐ 10학년 영어　☐ 11학년 영어　☐ 12학년 영어
☐ 지구과학　　☐ 생물　　☐ 물리　　☐ 통합과학
☐ 보건(커뮤니티 칼리지 과정)
☐ 기타(상세기술) _____

관심사항:

학생은
☐ 수업 면담 때마다 과제를 협의한다.
☐ 과제를 함께할 협력자를 찾고 정보교환 또는 설명을 위해 연락처를 주고받는다.
☐ 수업별로 폴더를 만든다.
☐ 매일 진행상황을 작성하고 서명한다.
☐ 매주 진행상황을 작성하고 서명한다.
☐ 성적확인 시스템인 파워스쿨(Power School)에서 매주 성적표를 인쇄한 뒤 부모님께
　서명을 받아 담당교사에게 제출한다.
☐ 관리자를 만난다(횟수): _____
☐ 월 화 수 목 금 점심시간에 선생님과 _____에서 만난다(해당 요일에 모두 동그라미).

학부모/후견인은
☐ 숙제를 할 수 있도록 일관되고 조용한 장소를 제공한다.
☐ 격려하고, 동기를 북돋아주고, 촉진한다.
☐ 목표를 성취하기까지 예상되는 시간을 합리적으로 제공한다.

교사/학교는
☐ 온라인 및 학급 게시판에 과제를 게시한다.
☐ 학생이 제출한 과제를 첨삭해 개인 우편함을 통해 적시에 돌려준다.
☐ 누락된 과제를 제시한다.
☐ 진전이 보이지 않을 경우 학생 회의를 다시 연다.
☐ 진전이 보이지 않을 경우 학부모 회의를 연다.

학생 서명 _____　학부모 서명 _____　날짜 _____

교사 서명 _____　교사 서명 _____　교사 서명 _____

표 2.4 학업 회복을 위한 학생 계획서

학업 회복을 위한 나의 계획		
누락된 과제는 무엇인가?	완료 예상일	
성공하기 위해서 어떤 도움이 필요한가?	누구의 도움을 받을 수 있을까?	날짜
내가 성공적으로 수행하고 있는지 어떻게 알 수 있을까?		
나의 학업 회복 목표를 달성하기 위한 첫걸음은 무엇인가?		

을 할 수 있게 만드는 것이다.

학습자의 발달 수준을 고려하는 것도 중요하다. 분명히 말하자면, 유치원생에게는 학업 회복 계획을 활용하는 것이 적합하지 않다. 하지만 학생들에게 어려운 시기가 닥쳤을 때 열심히 노력한 것에 대해 긍정적으로 평가하고 학부모 회의를 열면 도움이 된다. 대개의 경우 포기하고 싶은 충동이 일어나는 이유는 동기가 부족해서가 아니라 당면 문제가 너무 복잡해서 해결할 수 없다고 인식하기 때문이다.

계획을 수립하고 실행하는 과정은 성취감을 길러주기 때문에 그 자체로 가치 있는 경험이 된다. 또 목표를 향한 자신의 진척상황을 스스로 판단할 수 있는 능력을 키워주기도 한다. 우리는 성장관점을 길러줌으로써 학습내용에 대한 학생들의 성취도가 향상되고, 그 결과 학생들이 배움에 대한 확신을 가지고 목표를 향해 나아가게 되길 바란다. 반대로 실패에 대한 두려움 때문에 부정적인 결과에 집중하는 일이 최소화되길 희망한다. 이는 지능에 대한 고정관점을 보여주는 징후일 수 있기 때문이다.

목표 설정

목표는 계획을 실행에 옮기는 열쇠로서 동기부여와 밀접한 관련이 있다. 그러나 목표의 본질은 무엇이 학생의 학습의욕을 북돋울 수 있는지 분명히 밝혀서 교사와 학교, 가족에게 유용한 정보로서 기능하는 것이다. 일반적으로 목표는 숙달(학습)과 수행(결과)의 관점에서 설명

표 2.5 목표 설정에서 접근지향과 회피지향

	접근지향	회피지향
숙달	양서류에 관한 전문적인 연구보고서를 완성해본다.	지난번 연구보고서보다 낮은 점수를 받지만 않으면 된다.
수행	세계사에서 최종적으로 A학점 이상을 받는다.	10학년에 낙제하지 않도록 세계사 수업을 통과하기만 하면 그걸로 만족한다.

된다. 이런 관점은 접근지향(긍정적)과 회피지향(부정적)으로 확장될 수 있다(⟨표 2.5⟩ 참조). 접근지향 목표(approach-oriented goals)를 가진 학습자가 성공에 대한 희망을 표현하면서 앞으로 나아가고자 시도하는 반면, 회피지향 목표(avoidance-oriented goals)를 가진 학습자는 실패에 대한 두려움을 표출한다. 실패에 대한 두려움이 동기를 부여할 수도 있지만, 위험을 감내하려는 학습자의 의지를 억제하여 도전적인 과제를 맡지 못하게 할 우려도 있다.

대체로 초등학교 저학년 학생들은 과거의 성취를 기반으로 한 내적 목표지향성을 가지고 있는 것으로 보인다. 예를 들어 어떤 책을 성공적으로 읽었다면 다른 책도 똑같이 잘 읽을 수 있다고 믿는다. 왜일까? 한 이론에 따르면, 이들은 아직 실패한 경험이 없는 만큼 자신이 잘해내지 못하리라고 믿을 만한 이유가 별로 없다(Harter, 1998). 또 저학년 학생들이 사회를 보는 시각은 자신을 보살펴주는 어른들, 특히 부모와 교사에게 맞춰져 있다. 이런 어른들의 눈에 들려는 욕망이 동기부여의 원천이자 목표 설정과 직결된다. 이전 성공을 토대로 목표를 설정하는 것이 효과적인 것처럼, 노력 위주의 긍정적인 칭찬도 동일한 효과를 보인다.

학생들이 중급학년으로 올라가면 사회적 지향(social orientation)이 어른에서 또래로 전환되기 시작한다. 열 살쯤 된 아이들은 다른 친구가 어떤 식으로 과제를 수행하는지 그리고 또래와 자신이 어떻게 비교되는지에 호기심을 보인다(Bong, 2008). 바로 이때가 "안 똑똑해서 걱정이에요/ 실패할까봐 두려워요/ 사람들이 나를 안 좋아할까봐 걱정돼요"라는 표현이 슬금슬금 나오기 시작하는 시점이다. 물론 이 시기의 발달단계에서 예상되는 양상이긴 하지만 이런 반응은 지능을 바라보는 관념이 고착되기 시작했음을 알리는 신호다. 그 결과 학습과 성취에 대한 통제감의 약화로 이어지기도 한다. 학급 전체가 보는 게시판에 성적을 공개하면 학생 스스로 다른 친구들과 비교하며 자기유능감(자신감)을 측정하게 되고, 결과적으로 학생들이 피해를 보기 때문에 그와 같은 성적 공개는 바람직하지 않다.

동시에, 고학년 학생들(특히 중학교에 다니는 학생들)은 성취와 관련하여 자신의 노력 정도를 저울질하기 시작하면서 자기유능감이 더욱 떨어질 위기에 직면한다. 흥미롭게도 높은 성취수준을 보이는 학생들이 위험에 처하는 시점이 바로 이때다. 조금만 노력해도 좋은 성적을 유지할 수 있다는 인식은 지능이 타고난 능력이라는 생각을 강화한다. 고등학생이 되어 요구되는 성취수준이 높아지면, 이런 학생들은 자신의 전성기가 이미 지나갔고, 필요한 학습내용을 습득할 만큼 똑똑하지 않다고 느낄 수 있다.

중고등학교 학생들은 도전적인 목표를 세우고 그 목표를 달성하기 위한 '나의 결심'을 수립하여 실패에 대한 두려움을 최소화하는 동시에 접근지향 목표를 추구할 가능성이 가장 높다. 학생들은 한 번도 경험해보지 못한 수준의 성공을 달성하기 위해 다음과 같은 도전적인 목표를 세울 수 있다.

- 다음 영어시험에서 A학점을 받는다.
- 인체의 주요 뼈를 식별하고 각각의 명칭을 말할 수 있다.
- 4단원에 나오는 이차방정식 문제 중 95퍼센트를 정확하게 푼다.
- 세계지도에서 적어도 80개국의 위치를 안다.
- 테니스에서 포핸드(forehand)와 백핸드(backhand) 기술을 익힌다.

이와 같은 도전적인 목표에 더해 '나의 결심'을 세울 수 있는데, 이 결심은 목표를 달성하기 위해 학생들이 중간에 취할 수 있는 조치와 노력에 중점을 둔다. 그러면 구체적이고 타당한 계획수립이 가능하기 때문에 원하는 결과를 얻는 데 중요한 역할을 한다. 중간에 계획이 변경될 수도 있지만, '나의 결심'은 타당하고 유용한 출발점의 역할을 한다. 구체적인 예를 살펴보자.

- 영어시험의 섹션별로 밤마다 공부한다.
- 해부학 단어카드를 사용하여 뼈의 명칭에 대한 자가테스트를 하루에 적어도 2회 실시한다.
- 월요일과 목요일 점심시간과 방과 후에 수학 선생님을 만난다.

- 온라인상의 지도에서 국가를 찾는 연습을 한다.
- 테니스 피칭머신(pitching machine, 공을 던져주는 기계-옮긴이)을 활용하여 다음 경기가 열릴 때까지 매일 100개의 공을 친다.

도전적인 목표를 세우고 '나의 결심'을 수립하는 일은 저학년 학생들의 자기유능감 향상에도 기여한다. 아주 어린 학생들이라면 '오늘은 친구와 『배고픈 애벌레(The Hungry Caterpillar)』를 읽겠습니다'처럼 그날의 세 가지 목표 중 하나만 선택해도 된다. 초등학교 학생들은 일기를 쓰면서 목표를 명확히 한 다음, 이후에 다시 언급하면서 자기평가를 실시할 수도 있다. 시간이 지날수록 이들은 목표 설정을 내면화하고 거기에 맞춰 자신의 행동을 조절하기 시작한다.

이를테면 학생들은 매일 짧은 시간 동안 파워라이팅(Power Writing)이라는 글쓰기 연습을 하고 자신이 사용한 단어 수를 노트에 기록하면서 글쓰기 유창성에 대한 진전도를 측정할 수 있다(Frey & Fisher, 2006). 일례로, 티노(Tino)라는 학생은 4학년에 올라오면서 분당 평균 32단어를 썼다. 그는 한 주제에 대해 분당 40단어를 쓰겠다는 목표를 설정했다. 티노는 계속 진전도를 확인하면서 자신이 세운 도전목표에 얼마나 다가가고 있는지 알 수 있었다. 머지않아 티노는 정기적으로 분당 40단어를 쓰게 되었고, 오류 횟수가 줄어들면서 분당 45단어까지 쓰기로 목표를 높였다.

목표 설정에 학습자가 함께해야 하는 가장 큰 이유는 행동과 태도에 대한 자기조절(self-regulation) 능력을 개발하기 위해서다. 자기조절은 이번 장에서 논의한 요소들을 효율적으로 조직화하는 핵심 역할을 한다. 구체적으로는 목표 설정을 위한 동기를 북돋우고, 전략적 행동을 통해 목표를 추구하며, 목표달성의 정도와 달성방식 그리고 다음 단계의 과업에 대해 성찰하게 한다(Zimmerman, 1990). 물론 쉽지 않은 일이다. 완전한 자기조절은 어른이 되어서야 가능하다. 많은 사람들이 성숙한 어른을 결정짓는 특징으로 삼는 것이 다름 아닌 자기조절 능력이 아닌가. 당연히 자기조절 능력은 갑자기 생기지 않는다. 학생 각자가 교실 문 앞에 당도한 날부터 교육활동 전반을 통해 키워가는 것이다. 앞으로 남은 장에서 우리는 정교하게 만들어진 형성평가 시스템의 주요 결과로서 자기조절에 대한 논의를 계속 이어갈 것이다.

모든 것을 가능하게 만들기

이번 장에서 논의한 여러 요소들은 학습자의 내면에서 작용한다. 목적을 확립하고 세부 목표를 작성하기 위해 교사가 하루 종일 많은 시간을 할애할 수도 있고, 동기를 촉진하기 위해 학교 차원의 전방위적 프로세스를 개발할 수도 있을 것이다. 하지만 목표와 목적에 학습자가 무조건 순응해야 한다는 방향으로 가는 것은 무의미하다.

무조건적인 순응을 요구하는 목표나 목적은 학습자의 내적 동기유발 요소에 긍정적인 영향을 미치기 어렵다. 즉, 실질적인 행동으로 조금도 이어지지 않는 것이다. 예컨대, 친구들에게 패배자처럼 보이지 않는 것이 진짜 목표라고 교사에게 말할 학생은 없다. 마찬가지로, 문제행동을 하는 학생 역시 그 이유를 자신이 지능에 대한 고정관점을 갖고 있으며, 맞춤법을 잘 배울 수 있을지조차 확신할 수 없기 때문이라고 말하지는 않을 것이다. 동기부여와 목표 설정에는 외적 행동만큼이나 감정적 요소와 심리적 요소가 작용한다. (교사 입장에서) 가장 혼란스러운 부분이 표면적으로 나타나는 외적 행동이 실은 내적 감정의 표현일 수 있다는 것이다.

그렇다고 우리 교사들이 손을 내저으며 내적 요소의 작용을 외면할 수는 없다. 그것을 해결할 방법을 모른다고 하기엔 이미 너무 멀리 와버렸다. 우리는 간접적으로 동기와 목표 설정에 영향력을 행사하여 학생들이 긍정적인 방향으로 움직이도록 유도할 수 있다. 반가운 소식은 이러한 교사 기반의 영향력이 이미 교육현장에 널리 알려져 있다는 것이다. 선택과 개별화가 대표적이다.

선택을 활용한 동기부여

선택(choice)의 중요성은 학생의 나이를 막론하고 아무리 강조해도 지나치지 않다. 보통 초등학교 교사들은 완수할 과제를 몇 가지 제시하고 학생들이 순서를 선택할 수 있게 한다. 수업이 효과적으로 이루어지는 교실에서 고학년 학생들은 학습주제를 택하고, 과제를 함께 수행할 협력자를 고르며, 해당 과목을 숙달할 수 있는 방법을 정하는 등 더욱 폭넓은 선택의 경험을 한다. 우리가 아는 한 교사는 에세이, 포스터, 시, 시험 등 지식을 입증할 수 있는 양식들을 목록으로 만들어서 학생들이 학습단위별로 얼마나 잘 이해했는지 보여줄 방법을 직접 고를 수 있게 한다. 제시되는 선택지들이 학습내용과 관련성이 있어야 겠지만, 학습자의 목표나 관심분야에 맞추어 최적화될 때 선택은 자율성(autonomy)을 길러준다.

읽기목록은 선택이 특히 중요하게 고려되는 영역이다. 읽어야 할 텍스트를 미리 정해놓으면 선택의 폭이 줄어들고 동기가 저하된다. 특정 도서를 '꼭' 읽어야 한다는 말을 들은 학생들은 대부분 과제를 완수할 요량으로 요약자료를 검색한다. 독서를 통해 배경지식과 어휘력이 향상된다는 사실을 알고 있음에도 불구하고, 결과적으로 학생들은 텍스트를 덜 읽게 된다(Nagy, Anderson, & Herman, 1987). 교사들은 읽기의 목적을 확립하고, 학생들이 그에 부합하는 읽기자료를 선택할 수 있도록 도와야 한다. 수업시간에 학생은 친구들과 동일한 텍스트를 읽으며 함께 공부할 수도 있고, 혼자 있는 시간에는 다른 책을 선택할 수도 있다. 일례로, 우리는 핵심질문을 중심으로 교육과정을 구성한 다음 읽기자료를 폭넓게 설정하여 학생들이 선택할 수 있게 한다. 읽기자료에 포함된 도서들은 난이도가 다르고, 다양한 관점을 나타내며, 핵심질문과 관련하여 학생들에게 생각할 거리를 제공한다. 그러면 학생들은 어느 때보다 많이 읽고, 읽는 내용을 마음에 들어하며, 총괄평가에서 더 좋은 성적을 받는다(Frey, Fisher, & Moore, 2009). '나이가 중요한가?'라는 핵심질문을 생각해보자. 학생들은 이 문제에 대한 의견을 뒷받침하는 정보를 얻기 위해 다음 책들을 포함하여 50여 권 중에서 선택할 수 있다.

- 수잔 캠벨 바톨레티(Susan Campbell Bartoletti), 『히틀러의 아이

들(Hitler Youth: Growing Up in Hitler's Shadow)』

- 랜디 포시(Randy Pausch), 『마지막 강의(The Last Lecture)』
- 나탈리 배비트(Natalie Babbitt), 『트리갭의 샘물(Tuck Everlasting)』
- 제인 오스틴(Jane Austen), 『오만과 편견(Pride and Prejudice)』
- 수 몽크 키드(Sue Monk Kidd), 『벌들의 비밀생활(The Secret Life of Bees)』

선택은 학습과제를 완수하는 것 외에 목표를 설정하는 데도 중요한 요소다. 정확히 말하자면, 교사들은 학생들이 회피지향 목표에서 접근지향 목표로 옮겨갈 수 있도록 목표개발에 대한 지침을 제공할 수 있어야 한다. 그러나 개개인의 목표에 가할 수 있는 통제의 수준에는 한계가 있다. 과도하게 통제할 경우, 학생의 목표가 아닌 교사의 목표가 되어버린다. 목표가 도움이 안 될 것처럼 보일 경우("달에 가고 싶다" 혹은 "오늘은 야단맞지 않겠다"), 목표 설정은 함께 협력해서 구성해보는 활동이 되기도 한다. 우리가 교편을 잡고 있는 학구에서는 교장들과 교사들이 힘을 모아 평가의 세 가지 목표를 개발했다. 첫 번째 목표는 교사들이, 두 번째 목표는 교장들이 정했다. 그리고 세 번째 목표는 함께 협의해서 개발했다. 동일한 방식으로 개별 학생들의 목표를 함께 세워나간다면, 학생들은 자신이 직접 선택한다는 만족감을 유지하는 동시에 의미 있는 목표를 세우는 방법을 터득할 수 있다.

개별화를 통한 동기부여

학생들에게 동기부여를 할 수 있는 또 다른 방법은 개별화(differentiation)를 통해서다. 캐롤 앤 톰린슨(Carol Ann Tomlinson)은 교사가 학습내용(content)과 학습과정(process) 혹은 학습결과물(product)을 개별화할 수 있다고 주장했다(2001). 개별화를 통해 교사는 학생들에게 적당히 도전적이면서 좌절감을 주지 않는 수업자료와 과제를 제공할 수 있고, 이는 그 자체로 동기부여가 된다. 개별화는 그 외에도 다양한 차원에서 동기를 부여한다. 교사가 "이 책을 보고 네가 떠올랐어"라고 말하면 교사와 학생 사이에 강력한 라포(rapport, 상호간에 형성되는 신뢰 및 친밀도-옮긴이)가 형성되고, 학생은 관심을 받고 있다고 생각하게 된다. 매우 효과적인 동기부여 방법이다. 더 나아가 학습결과물을 개별화하면 학생들은 더 열심히 노력해서 성공을 경험하게 되고, 동기는 더욱 강화된다. 물론 잠재적인 함정은 존재한다. 만일 소수의 학생들만 '개별화된 무언가'를 받는다면 어떨까? 이들은 자신의 성과를 학급의 다른 친구들과 비교하기 시작하면서 성공에 대한 의심을 품고 자신이 똑똑하지 않다고 생각할 것이다. 개별화는 다른 모든 것이 실패했을 때 활용하는 특별한 절차라기보다 표준화된 수업운영 시스템이어야 한다.

볼드윈(Baldwin) 선생님이 맡고 있는 반 학생들은 수업별 목적을 잘 이해하고 있으며, 매일 자신에게 부여되는 과제가 학급의 다른 친구들과 다르다는 사실을 알고 있다.

일례로 '변화를 만든 사람들'이라는 주제에 대해 학습하는 동안, 학생들은 각자 관심 있는 인물을 선정하고 사서의 도움을 받아 필요한 정보를 찾았다. 학생들은 보고서, 짧은 연극, 시, 랩 등 여러 결과물 양식 가운데 자신에게 맞는 방법을 선택했고, 모둠별로 선생님을 만나서 진행 중인 과제의 피드백을 받았다. 학생들과 마찬가지로, 볼드윈 선생님도 조사할 인물을 선정하고 자신이 알게 된 내용을 학생들과 공유했다. 선생님은 모둠 구성원들의 오류나 잘못된 생각을 지적할 때, 자신이 선정한 조지 워싱턴 카버(George Washington Carver, 흑인 노예로 태어나 세계적인 농학자가 된 인물-옮긴이)라는 인물에 대한 연구과정을 예로 들어 설명했다.

볼드윈 선생님은 온라인 사진서비스를 활용하여 만든 그림책을 연구결과물로 내놓았다. 그림책을 만들겠다고 결심한 이유는 학생들 중 누구도 그림책을 선택하지 않았기 때문이다. 선생님은 배운 내용을 보여줄 수 있는 방법이 다양하다는 사실을 학생들에게 가르쳐주고 싶었다. 먼저, 온라인에서 저작권이 없는 무료 사진을 다수 발견했고, 그 사진들을 활용해 저작권을 침해하지 않는 범위에서 '땅콩박사(Peanut Man)'에 관한 글을 쓸 수 있었다. 볼드윈 선생님을 보면서 동기부여를 받은 학생들도 각자의 과제를 완수할 수 있었다. 이처럼 학생들에 대한 동기부여가 가능했던 이유 가운데 하나는 교사가 교육과정과 교수법을 개별화한 덕분이다.

2장 요약 & 3장 미리보기

이번 장에서는 형성평가 시스템의 첫 번째 부분인 피드업에 주목했다. 앞서 설명했듯이, 학생들은 각 수업의 목적을 알아야 한다. 또 그런 정보가 왜 중요하고 삶과 어떤 관련성이 있는지도 마땅히 알아야 한다.

동기의 역할도 살펴보았다. 흥미로운 점은 지능에 대한 고정관점이 학생들에게 해가 될 수 있고 지능을 칭찬하는 것 역시 해롭게 작용할 수 있다는 사실이다. 교육자로서 우리는 학생들이 지능을 유연하게 바라보고, 노력을 통해 학습과제를 완전히 숙달할 수 있다고 인식하도록 도와야 한다. 목표 설정은 피드업 프로세스에서 또 하나의 중요한 영역이다. 다양한 종류의 목표가 있지만, 학생들에게 맞는 목표를 설정해줄 때 더 많은 것을 성취할 수 있다. 최종적으로 달성할 결과에 맞추어 목표를 조정하면, 학생들에게 동기가 부여되고 형성평가 시스템이 가동된다. 이처럼 조건들이 갖추어졌을 때 교사가 수집한 학생들의 성과자료는 학생 개개인이 최선을 다해 노력한 결과를 보여주는 동시에 앞으로의 지도 방향을 알려줄 것이다.

일단 목표에 대한 합의가 이루어지고 수업이 시작되면 교사는 학생들이 목표를 향해 나아가고 있는지 확인하기 위해 그들의 이해도를 파악해야 한다. 다음 장에서는 학생이 이해한 것과 아직 이해하지 못한 것을 확인하는 다양한 방법들을 살펴볼 것이다.

THE
FORMATIVE
ASSESSMENT
ACTION
PLAN

이해도 파악 :
지금 어디에 있는가?

낸시(이 책의 공저자인 낸시 프레이-옮긴이)가 교육공학 세미나에 참석했을 때의 일이다. 강사가 수강생들에게 물었다.

"질문 있나요?"

아무 반응이 없다.

"좋아요, 그럼 다들 이해했다는 거죠, 그렇죠?"

역시 반응이 없다.

"자, 이제 각자의 의견을 인터넷 게시판에 올려봅시다. 음성이나 문자를 사용할 수 있다는 점, 기억하세요."

갑자기 사방에서 손이 올라간다. 한 사람이 질문한다.

"저 좀 도와주실래요?"

또 다른 사람이 질문한다.

"그 페이지를 어떻게 찾죠?"

그리고 세 번째 사람이 묻는다.

"마이크 버튼이 어디 있나요?"

강사는 제한된 시간에 가능한 한 많은 수강생들의 요구를 들어주고 일일이 도움을 주고자 교실 이곳저곳을 바삐 돌아다닌다. 지친 상태로 수업을 마친 강사는 대다수 수강생들이 목표를 달성하지 못했다는 사실을 깨닫는다.

이 상황은 초등학교나 중학교 교실에서가 아니라 교육공학 세미나에 참석한 교사그룹에서 일어난 일이다. 웹 2.0 애플리케이션(application, 컴퓨터나 스마트폰의 운영체제에서 실행되는 다양한 응용 프로그램-옮긴이)에 관심이 많고 최신식 상호작용 도구(interaction tool)를 배우려는 교사들 말이다. 낸시도 그중 한 명이었다. 의욕적인 교사들은 온라인으로든 오프라인으로든 자신의 지식을 넓히고자 다양한 세미나와 연수에 참석한다. 이 세미나에 낸시가 참석한 목적은 보이스쓰레드(VoiceThread)를 비롯한 여러 상호작용 도구들을 배우기 위해서였다. 낸시는 이 자리에서 그와 관련된 지식을 얻었을 뿐 아니라, 교사가 학생들의 이해도를 포괄적으로 파악하려고 해서는 학습자에게서 제대로 된 반응을 얻을 수 없다는 것도 알게 됐다. 결국 교사는 지치고 학생들은 좌절감을 느끼는 상황으로 이어진다는 사실을 다시금 깨달은 것이다.

세미나에서 낸시는 학습자로서 좌절감을 경험했다. 이해도를 파악하려는 교사의 노력에 낸시 역시 아무런 반응을 하지 않았는데, 그 이유는 자신이 무엇을 모르는지 몰랐기 때문이다. 사실 낸시는 강사가 어떤 식으로든 형성평가를 계획해서 자신이 아는 것과 아직 더 배워야 할 것이 무엇인지 확인해주길 기대했다. 그 정보를 통해 낸시는 '다음 단계는 어디로 나아가야 하는가?'라는 질문에 대한 답을 찾을 수 있었을 것이다.

바로 이러한 이유에서 이해도 파악은 수업이 완료된 이후가 아니라 수업을 진행하면서 동시에 실시되어야 한다. 교사는 목적이 확립되고 수업이 시작되면 학생들의 이해도를 지속적으로 관찰해야 한다.

이 부분에서 형성평가는 새로운 국면으로 접어든다. 형성평가를 단지 학습자가 무엇을 알고 있는지 파악하는 문제라고 생각해서는 안 된다. 교사는 일상적으로 형성평가 기법을 적용하여 학생 각자가 스스로를 평가할 수 있는 능력을 키워줘야 한다. 목적을 확립하고, 동기를 부여하고, 목표를 설정하는 일련의 과정에서 늘 학생을 중심에 두어야 하는 것과 마찬가지로, 형성평가를 진행하는 동안 일어나는 모든 일의 중심에도 학생이 있어야 한다.

학생을 형성평가의 중심에 두기

어떤 면에서 형성평가(formative assessment)는 일상적인 수업의 흐름에서 벗어나 점점 형식적으로 바뀌고 있다. 물론 평가기준을 미리 정해놓고 진단하는 벤치마크 평가(benchmark assessment)의 유용성은 인정한다. 교사들이 학생의 학습에 관해 논의하는 과정에서 생산적인 대화가 오갈 수 있다는 것 또한 인정한다. 그러나 이처럼 '형식화된' 평가는 대체로 총괄평가(summative assessment)와 비슷한 느낌이 든다. 벤치마크 평가는 교사가 직접 만든 자료가 아닌 공식적으로 배부된 인쇄물을 사용하여 일 년 동안 미리 정해진 주기마다 시행된다. 이러한 접근방식은 요구평가(needs assessment) 및 책무성과 관련하여 일부 어려움을 확실하게 줄여주겠지만, 수업 사이클을 고려할 때 평가 결과가 나오는 시기가 너무 이르거나 늦어질 수 있다.

수업 중에 학생의 이해도를 효과적으로 관찰하는 기술이 없으면 학습에 지장이 생긴다. 확실히 학업에 어려움을 겪는 학생일수록 공부를 잘하는 학생들보다 질문할 가능성이 훨씬 낮다(Nelson-Le Gall, 1985). 학생들이 질문하기를 꺼리는 것은 사회적 이유, 특히 자신의 부족함을 교사와 반 친구들에게 드러내지 않으려는 심리 때문일 수도 있지만, 질문을 할 만큼 해당 주제를 충분히 이해하지 못했기 때문일 수도 있다.

교사는 일상적 형성평가에 능동적으로 임해야 한다. 이는 교사의 적극적 개입을 보여주는 다른 지표들, 예를 들면 학생의 요구에 민감하게 대응하기, 정서적·학습적 지원, 학습에 어려움을 겪는 학생에게 제공하는 양질의 피드백 등과도 일치한다(Pianta, LaParo, & Hamre, 2008). 이 말은 결국 교사가 학습을 상호작용의 과정으로 인식하고, 학생들의 이해도를 꾸준히 모니터링하는 것이 교수활동의 핵심임을 시사한다. 실제로 효과적인 교수활동의 특징으로 비슷한 내용을 언급하는 연구결과가 다수 발표됐다(e.g., Emmer & Evertson, 2008; Good & Brophy, 2007; Stronge, 2007).

형성평가에 대한 학생 중심의 접근법은 역동적이다. 교직생활 초반 대다수 교사들이 깨닫는 사실이 하나 있다. 일일 수업계획에 담을 수 있는 내용이라곤 학습상황에서 명백하게 일어날 법한 몇 가지 세부사항밖에 없다는 것이다. 아무리 많은 계획을 세워도 학생의 이해 수준이 더 나아지지 않거나, 갑자기 단계를 뛰어넘는 경우도 있기 때문에 실제 수업시간에 일어날 일을 모두 예측할 수는 없다.

바람직한 수업계획은 학생의 이해도를 파악하는 방법이 다양하게 포함되어 있어야 하고, 이런 작업이 수업시간 중에 이루어질 수 있어야 한다. 이 부분에 초점을 맞추지 않으면 수업의 효과는 줄어든다. 특정 수업이 진행되는 동안 숙련된 교사와 초임교사 간의 관찰력 차이를 연구한 결과에 따르면, 특히 학생들이 명확하게 이해하기 위해 도움이 필요한 순간 숙련된 교사들이 좀 더 세밀하게 주목하는 것으로 드러났다(Krull, Oras, & Sisack, 2007). 숙련된 교사들은 상황을 돌이켜보는(recall) 훈련이 어느 정도 되어 있을 것이다. 이런 능력을 가진 교사들은 학습상황을 바라보는 관점이 다르다. 즉, 독립된 별개의 학습이 이어지는 것이 아니라 하나의 수업이 여러 개의 수업활동으로 이루어진다고 본다(Ross & Gibson, 2010). 그러나 기존의 많은 형성평가 시스템을 살펴보면, 학생들의 학습상태를 알아차리기 위해 교사 간에 서로의 역량을 키우는 문제는 간과되기 일쑤다. 데이터 자체가 수집 기법보다 우선시되기 때문이다.

이번 장의 나머지 부분은 학생의 이해도를 파악하기 위해 효과적으로 사용할 수 있는 다양한 수업 기법을 중점적으로 살펴볼 것이다. 구체적으로 구두언어(oral language), 글쓰기, 프로젝트와 수행성과

(performance), 시험 그리고 공동평가에 주목한다. 물론 모든 기법들을 자세히 묘사하겠지만, 안타깝게도 전문가들이 학생의 학습상태를 인식하는 방법을 완벽하게 설명할 수는 없을 것이다. 전문가 수준의 관찰력이란 어떤 것인지, 동료 교사들끼리 논의하는 과정이 형성평가 프로세스의 고유한 부분이 되어야 한다. 더 자세한 설명과 사례는 『Checking for Understanding: Formative Assessment Techniques for Your Classroom(이해도 파악: 당신의 학급을 위한 형성평가 기법)』 (Fisher & Frey, 2007a)에서 확인할 수 있다.

구두언어를 활용한 이해도 파악

교사가 학생의 이해도를 파악할 수 있는 일반적인 방법 중 하나는 구두언어(oral language)를 활용하는 것이다. 교사는 학생들의 말을 듣고, 그들이 이해한 것과 더 배워야 할 것을 가늠한다. 여기서 학생들에게 필요한 몇 가지 언어 기능을 기억하는 것이 중요하다. 칼 베라이터(Carl Bereiter)와 지그프리트 엥겔만(Siegfried Engelmann)은 현재까지 유용하게 쓰이는 유기적 체계로서 언어의 10가지 기능을 다음과 같이 규정했다(Justice, 2006, p.72에서 재인용).

1. **지시**: 특정 지시사항을 순차적으로 제시한다.
2. **질문**: 묻고 답하는 과정에서 이해를 강화한다.
3. **시험**: 진술문의 논리를 살핀다.

4. 묘사: 무엇에 대해 말하는지 알 수 있도록 핵심 특징을 서술한다.

5. 비교와 대조: 사물의 유사점과 차이점을 보여준다.

6. 설명: 구체적인 사례를 들어 용어를 정의한다.

7. 분석: 진술된 문장을 구성요소로 분류하여 각각의 의미와 관계를 말한다.

8. 가설: 진술이 논리적 귀결인지 혹은 경험적 귀결인지 검증한다.

9. 연역: 유추하여 결론에 도달한다. 즉 추론한다.

10. 평가: 발상이나 의견의 상대적 중요성을 평가하고 판단한다.

언어를 사용하여 이해도를 파악하는 방법에는 여러 가지가 있는데, 지금부터 몇몇 사례를 살펴보자.

질문하기

논쟁의 여지가 있지만, 교사들이 구두언어를 활용하여 이해도를 파악할 때 가장 일반적으로 사용하는 방법이 질문하기(questioning)다. 구두 질문에는 바람직한 방법도 있고 그렇지 않은 방법도 있다.

바람직하지 않은 방법으로는 대표적으로 IRE 모델이 알려져 있다. IRE 모델은 질문시작(Initiate)-응답(Respond)-평가(Evaluate)로 구성된다. 불행히도 IRE 모델이 우리의 교실 담화를 지배하고 있다(e.g., Cazden, 1988). IRE 모델에서 교사는 질문을 던지고 특정 학생들이 답을 한다. 그러면 교사가 학생의 대답을 평가한다. 이 경우, 교사와 학생 간의 상호작용은 전형적으로 다음과 같이 진행될 것이다.

교사	이 이야기의 교훈이 뭘까?
학생1	결국 '선'이 '악'을 이긴다는 겁니다.
교사	맞아. 그럼 주제와 교훈은 어떻게 다를까?
학생2	주제가 더 넓어요. 단순히 한 사람이 읽고 깨달은 것이 아니라 전체적인 이야기가 주제니까요.
교사	그렇지. 주제와 교훈 사이에 또 다른 차이점은 없을까?

전형적인 IRE 모델에서 학생들은 한 번에 한 명씩 교대로 답하면서 교사가 속으로 무슨 생각을 하는지 맞히려고 애쓴다. 학생들은 이미 교사가 답을 알고 있다는 사실을 알고 있으면서도, 몇 가지 이유에서 교사의 비위를 맞추며 동조하는 척한다. 그 이유란 일반적으로 성적, 두려움 또는 호기심이다. IRE 모델에서 학생 전체의 이해도를 파악하는 일은 일어날 수 없다.

교사가 던지는 질문은 학생들이 고심해서 대답할 수 있는 것이어야 한다. 학생들은 자신이 생각하는 답을 주위 친구들과 논의할 기회를 가져야 하며, 그 과정에서 또 다른 질문을 스스로 만들어낼 수 있어야 한다. 앞서 1장에서 살펴본 블룸의 분류체계 21세기 버전을 활용하여 만들 수 있는 질문의 유형을 살펴보자.

- **기억:** 우리가 읽었던 희곡 『우리 읍내(Our Town)』에서 마지막에 무슨 일이 일어났나요?
- **이해:** 작가가 무대감독을 등장시킨 이유가 무엇일까요?
- **적용:** 연극 말미에 에밀리(Emily)가 이렇게 말합니다. "아, 세상이

여, 너무 아름다워서 아무도 너의 진가를 깨닫지 못했구나. 살아 가면서 한 번이라도 자기 삶을 제대로 깨닫는 인간이 있을까?" 여러분이 세상과 삶 속에서 의식하지 못한 '아름다운' 것들에는 어떤 게 있을까요?

- **분석:** 극 중 마을인 그로버즈 코너즈(Grover's Corners)와 지금 우리가 살고 있는 동네가 어떤 면에서 비슷한가요?

- **평가:** 만일 여러분이 『우리 읍내』를 바탕으로 영화를 제작한다면 세트장을 정교하게 만들 건가요, 아니면 소품이 거의 없는 텅 빈 세트장을 만들 건가요?

- **창조:** 열차, 묘비, 무대감독의 시계 같은 상징적인 소재들이 시간의 흐름을 보여주는 데 효과적이었나요? 이것 말고 시간의 흐름을 나타내기 위해 또 어떤 상징물을 사용할 수 있을까요?

이런 질문에는 '정답'이 없기 때문에, 학생들은 활발하게 의견을 말할 수 있다. 물론 틀린 답도 일부 있겠지만 맞는 답이 훨씬 많을 것이다. 학생들이 상호작용을 통해 서로의 생각을 이해하는 과정을 살피면서 교사는 이들이 이해한 부분과 추가적인 지도가 필요한 부분을 확인한다.

바꿔 말하기

바꿔 말하기(retelling)를 통해 학생들은 주어진 정보에 대해 곰곰이 생각한 다음 자신이 이해한 내용을 구두로 요약할 수 있다. 바꿔 말하기를 하기 위해서는 일련의 개념과 사건의 순서 그리고 상대적 중요성 등을 고려하면서 정보를 처리해야 한다. 학생들이 방금 들었거나 읽은 내용을 바꿔 말하도록 유도하는 것은 이해도를 파악할 수 있는 매우 강력한 방법이다(Shaw, 2005). 실제로 직접적인 질문보다 바꿔 말하기가 이해도 파악에 훨씬 효과적일 수 있다(Gambrell, Koskinen, & Kapinus, 1991).

교사는 바꿔 말하기를 다음과 같이 진행해야 한다.

1. 바꿔 말하기의 목적은 자신의 언어로 정보를 재조직해 말하는 것이라고 설명한다.
2. 학생들에게 가장 좋아하는 영화나 노래를 어떻게 소개할지, 그 방법에 대해 토론해보라고 권한다.
3. 영화나 노래에 대한 이야기처럼 다른 유형의 정보에 대해 이야기하는 방법도 비슷하다고 설명한다.
4. 짧은 내용의 친숙한 지문을 사용하여 바꿔 말하기 시범을 보임으로써 학생들이 원본과 바꿔 말한 내용을 비교할 수 있게 한다.
5. 원본과 바꿔 말한 내용의 유사점과 차이점을 학생들과 토론한다.
6. 새로운 지문을 선택해서 큰 소리로 읽어준 다음, 모둠 안에서 바꿔 말하기를 해보라고 한다.

학생들이 바꿔 말하기에 점차 익숙해지면 이 방법을 정기적으로 활용할 수 있고, 더 나아가 공식적으로 평가할 수도 있다. 바꿔 말하기의 평가 루브릭(rubrics, 채점기준표)은 인터넷에서 다양하게 찾아볼 수 있다. 각각의 루브릭은 특정 항목이나 핵심 영역을 제시한다. 수학, 과학, 사회, 예술 분야에 특화된 루브릭은 물론 정보성 텍스트를 가지고 바꿔 말하기를 할 때의 평가 루브릭도 있다. 서사(敍事) 텍스트의 이해도를 파악하기 위해 바꿔 말하기를 활용하면, 교사는 다음과 같은 효과를 기대할 수 있다.

- 학생이 주요 사건의 순서를 '시작', '중간', '끝'으로 정확하게 배열한다.
- 학생이 사건의 배경과 줄거리를 구체적으로 묘사한다.
- 학생이 주인공을 파악하고 상세히 설명한다.
- 학생이 문제, 갈등 또는 과제 및 그 해결방법을 파악하고 자세하게 기술한다.

수학시간에 휘튼(Wheaton) 선생님은 벽면의 많은 부분을 할애해 수학 바꿔 말하기 과정에 관한 내용을 게시한다. 이것이 수학문제 풀이과정과 관련 있기 때문이다(〈표 3.1〉 참조). 그녀의 기초대수학 수업을 듣는 학생들은 어떻게 문제를 풀었는지 자신의 언어로 바꿔 말하기를 통해 선생님께 설명해야 한다는 사실을 잘 알고 있다. 그래야만 교사가 학생들의 생각을 파악해서 필요할 경우 도움이 되는 방법을 모색할 수 있다는 점을 인지하고 있는 것이다. 이 수업을 듣는 웬디라는 학생은 다음 문제의 풀이과정을 자신의 언어로 설명했다.

"마이크의 원래 가격은 129.99달러입니다. 세금이 7퍼센트입니다. 이 마이크의 최종 가격은 얼마입니까?"

웬디는 아래와 같은 내용으로 바꿔 말하기를 시도했다.

"그러니까, 이 문제가 묻고 있는 것은 '마이크 값으로 얼마를 지불해야 하느냐'잖아요. 제가 알고 있는 정보는 마이크의 원래 가격, 그리고 여기에 어느 정도의 세금이 부과된다는 거예요. 세금이 붙으면 가격이 올라가니까 129달러보다 많은 150달러쯤 되지 않을까 생각했죠. 그래서 원래 가격에다 세금을 더하려고 했는데 세금이 얼마인지 알아야 했어요. 곱하기를 하라던 선생님 말씀이 떠올랐죠. 그래서 129.99달러에 7을 곱했더니 909달러가 나왔어요. 마이크 가격치고는 너무 과한 가격이었어요. 제가 계산한 답은 타당하지 않아요. 근데 왜 계산이 안 되는 건지 모르겠어요."

이 간단한 과제를 통해 휘튼 선생님은 웬디를 돕기 위해 필요한 모든 정보를 알 수 있었다. 웬디는 어디선가 막혔다는 사실은 알았지만 앞으로 어떻게 해야 할지는 몰랐다(피드백과 피드포워드에 대해서는 이 책 후반부에서 논의할 예정이다. 지금은 학생들이 이해한 것과 더 배워야 할 것을 결정하는 데 중점을 두는 것이 중요하다). 웬디가 이러한 유형의 문제를 전혀 몰랐다고 할 수는 없다. 오히려 충분히 이해하고는 있었지만 문제의 특정 부분에서 실수를 했던 것이다.

표 3.1 **수학에서 바꿔 말하기 구성요소**

1. 문제가 무엇을 묻고 있는지 확인한다.
2. 관련된 정보와 무관한 정보를 찾는다.
3. 답을 추산해본다.
4. 풀이 절차를 정한다.
5. 절차의 순서를 따른다.
6. 문제풀이의 단계를 설명한다.
7. 답을 밝히고 그 답이 타당한지 판단한다.

TPS 토론기법

TPS(Think-Pair-Share)는 학생들이 각자의 답안을 가지고 동료와 토론한 다음 그 생각을 학급 전체와 공유하는 협력적 토론 전략이다. 프랭크 라이먼(Frank Lyman)과 그의 연구진이 개발한 이 전략은 학생들의 행동을 다음과 같이 3단계로 구분한다(1981).

1. **생각하기(Think)** 교사는 질문, 길잡이 정보, 읽기자료, 시각자료, 논평 등을 활용하여 학생들의 사고를 유도한다. 학생들은 질문에 대해 '생각'할 시간을 잠시(몇 분이 아니라) 갖는다.
2. **짝과 함께 토론하기(Pair)** 지정된 파트너와 '짝'을 지어서 각자의 답변에 대해 토론한다. 서로의 의견을 비교하면서 가장 흥미롭고, 가장 설득력 있으며, 가장 창의적이고, 가장 바람직하다고 생각하는 답변을 찾아낸다.

3. 공유하기(Share) 짝과 함께 토론하는 시간이 끝나면 교사는 몇 개
조를 지목하여 그들의 생각을 나머지 학생들과 '공유'한다.

이 활동은 이해도를 파악할 수 있는 좋은 기회를 제공한다. 학생
들이 짝을 지어 서로의 답변을 가지고 토론하는 걸 들으면서, 교사
는 그들의 생각이 어떻게 공유되는지 주목할 수 있다. 일례로, 덱스터
(Dexter) 선생님은 학생들이 치머만 전보(Zimmerman Telegram)에 관
해 토론하는 내용을 들었다. 1917년 암호로 작성되어 독일에서 멕시
코로 전송된 이 전보는 미국이 중립을 지키지 않을 경우 미국에 맞서
싸우기 위해 멕시코의 참전을 설득하는 내용이었다. 멕시코는 전보
내용을 무시했지만 미국인들은 분개했고, 결국 제1차 세계대전 참전
국이 되었다. 덱스터 선생님은 학생들이 전보를 읽고 토론하는 걸 들
으면서 여전히 뭔가 혼란스러워한다는 것을 알았다.

션	이 전보는 독일이 미국의 전쟁 개입을 막으려고 보낸 것 같아.
알렉시스	그렇지. 근데 2월 1일에 잠수함 작전을 개시할 예정이라고 했어.
션	그러니까 미국이 참전하지 말았어야 해.
알렉시스	하지만 독일이 전 세계를 위협하고 있어. 멕시코, 미국, 일본까지 언급했어.
션	근데 미국은 멕시코와 싸우려고 하지 않잖아. 혼란스럽네.

덱스터 선생님은 션과 알렉시스 그리고 몇몇 다른 조 아이들의 이야기를 듣고, 학생들이 역사적 맥락을 좀 더 정확히 이해할 필요가 있으며, 무엇보다 1917년 당시가 아닌 오늘날의 세계를 머릿속에 떠올리고 있다는 사실을 알게 됐다. 그래서 학생들에게 배경지식을 주고 나서, 다시 이 문서의 중요성에 대해 깊이 생각해보는 시간을 가져봐야겠다고 결심했다.

글쓰기를 활용한 이해도 파악

글쓰기(writing)는 사고를 포함한 복합적인 인지과정이다. 사실, 글을 쓰는 동안은 사고하는 것 외에 다른 일을 하기 힘들다. 그런 이유로 글쓰기는 학생들이 어떻게 사고하는지 엿볼 수 있는 흥미진진한 기회를 제공한다.

그럼에도 글쓰기는 사고하는 것 이상의 의미를 지닌다. 단순히 생각한 바를 글로 옮기는 행위라고 얘기할 만큼 간단한 일이 아니다. 오히려 우리는 글을 쓰는 동안 생각한다. 글을 쓰면서 우리는 내가 제대로 이해하고 있는지 확인한다. 우리는 쓰면서 학습한다. 바로 이 점이 글쓰기를 통해 이해도를 파악할 때 얻을 수 있는 강점이다. 즉, 글쓰기를 통해 교사는 학생들이 어떻게 사고하는지 확인할 수 있고, 학생은 자신이 제대로 이해했는지 확인할 수 있다.

다음 글은 한 학생이 제출한 에세이에서 일부 발췌한 내용이다. 이 글을 통해서 교사는 어려움을 겪고 있는 학생이 스스로를 어떻게 인식하고 있는지 엿볼 수 있었고, 이 학생이 성공적인 학교생활을 할 수 있도록 지원전략을 짜게 되었다.

나의 내면은 다른 사람들과 다르다. 나는 내 감정을 대부분 감춘다. 내가 어떻게 느끼는지 사람들이 알기를 원치 않기 때문이다. 사람들이 내 비밀을 알면 나를 괴롭힐 것 같다. 사람들이 내게 늘 바보 같다고 말해서인지 정말 바보가 된 것 같다. 바보라고 불리면 화가 난다. 대체로 나는 화가 많은 사람이다. 아무래도 어렸을 때 아버지가 가족을 떠나서 그런 것 같다. 이에 대한 화풀이를 주변 사람들에게 하는 것 같기도 하다. 마치 내가 차별받는 것 같고, 다른 사람들은 잘못을 저지르지 않는데 유독 내가 뭘 하기만 하면 문제가 생기는 것 같다.

학생의 이해도를 파악하는 용도의 글쓰기는 교사가 학생들에게 부과하는 '과정중심 글쓰기(process writing, 교사와 학생이 글의 구상, 초안 작성, 수정, 편집, 피드백 주고받기 등의 과정을 거쳐 최종 글을 완성하는 글쓰기 접근 방법-옮긴이)'와 다르다. (물론 영어교과를 담당하는 교사들의 경우에는 과정중심 글쓰기를 통해서 성취기준별로 학생들의 이해 수준을 파악할 수 있지만, 다른 교과목에는 이 방법이 적합하지 않다.) 각기 다른 목표를 가진 두 가지 유형의 글쓰기에 대해 구체적으로 알아보자.

글쓰기를 할 때 목표가 무엇인지 분명하게 하는 것이 도움이 된다. 먼저, 학습한 것을 보여주기 위한 글쓰기가 있다. 이 목표를 충족하려면 글을 명확하게 잘, 그리고 올바르게 써야 한다. 이는 부담이 많이 되는 글쓰기 방식이다. 이 사실은 익히 알려져 있고 이런 글쓰기의 가치 또한 모르지 않으므로 여기서 더 논할 필요는 없을 것이다. 다만 왜 중요한지, 그 이유를 하나만 설명하겠다. 만일 교사들이 에세이나 시험 형식으로 학생들에게 배운 것을 증명해보라고 요구하지 않으면 학생들이 교과내용을 얼마만큼 이해했는지 제대로 판단할 수 없다. 결과적으로 학생 입장에서 부당한 평가를 받을 수 있는 것이다. 단답형 질문이나 선다형 시험에서 학생들이 뭔가 알고 있는 것처럼 보여도 사실 제대로 이해하지 못한 경우가 많다.

그런데 활용도나 가치는 덜 해도 중요한 글쓰기가 하나 더 있다. 여기서 강조하고 싶은, 바로 학습을 위한 글쓰기(writing for learning)다. 이 글쓰기는 부담이 별로 없다. 학습을 위한 글쓰기의 목표는 대단히 훌륭한 글을 쓰는 것이 아니라, 자신이 아직 모르는 부분을 확인하고, 배우고, 이해하고, 기억하는 과정을 다루는 것이다. 물론 '부담이 별로 없는, 학습을 위한 글쓰기'를 통해 항상 좋은 글이 나올 수는 없겠지만, 교과내용에 대한 학습과 참여를 촉진하는 데 효과적인 것만은 틀림없다. 교사들도 훨씬 쉽게 활용할 수 있다. 이런 유형의 글쓰기는 작문과목을 담당하지 않는 교사들에게도 유용하다(Elbow, 1994, p.1).

이렇듯 학생의 이해도를 파악하는 용도의 글쓰기는 두 번째 유형에 해당하는 '학습을 위한 글쓰기'이다. 다음은 교사들이 수업의 '다음 단계', 즉 피드포워드(feed-forward)를 결정할 때 활용할 수 있는 글쓰기 과제들이다.

요약문 쓰기

요약문 쓰기(summary writing)는 배운 내용의 이해 여부를 확인하는 소중한 도구다. 학생이 내용을 어떻게 압축하는지를 보면 이해도를 간파할 수 있기 때문이다. 요약문은 학생들이 읽은 것, 관찰한 것, 또는 실행한 것을 통합하는 능력을 보여주는 방법이라는 점에서 바꿔 말하기(retelling)와 비슷하다.

요약문 쓰기의 가장 일반적인 형태는 특정 주제의 주요 생각이나 개념을 담아 요점만 간추리는 것이다. 여기서 중요한 점은 읽은 내용이나 관찰한 현상에 대한 정확한 표현과 용어의 간결성이다. 요약문이 이해도를 파악하는 데 유용하긴 하지만 주의할 점이 있다. 사전에 반드시 학생들에게 요약하는 법을 가르쳐야 한다는 것이다. 학생들이 작성한 요약문을 보면 원문보다 길거나, 저자가 쓴 용어를 그대로 사용하는 경우가 너무도 많다. 요약문 작성을 가르치는 방법에는 여러 가지가 있지만, 우리의 경험상 GIST(Generating Interaction Between Schemata and Text) 모델이 가장 성공적이었다. GIST 모델을 활용하여 학생들에게 요약하는 법을 가르치는 단계는 다음과 같다(Frey, Fisher, & Hernandez, 2003에서 수정 재인용).

1. 짧은 분량의 텍스트를 복사하여 나눠준다. 이때 텍스트는 논리

적 요약문을 만들 수 있는 4~5개의 문단으로 구성되며, 교사는 미리 문단마다 여백에 선을 긋고 '멈춤'이라고 표시한다.

2. GIST의 과정을 설명한다. 학생들은 각 문단을 읽고 멈춘다. 그런 다음 해당 문단에 대한 대략적인 생각이나 요지를 한 문장으로 요약한다. 텍스트를 끝까지 읽을 무렵 학생들이 작성하게 되는 문장의 개수는 4~5개이며, 그것이 전체적인 요약문이 된다.

3. 읽을 자료를 소개하고 사전지식을 구축한 다음 핵심 어휘를 살펴본다. 교사가 텍스트의 첫 번째 문단을 큰 소리로 읽는 동안, 학생들은 눈으로 따라 읽는다.

4. 해당 문단에서 중요한 사실들에 대해 학급 전체가 토론한다. 학생들이 제시한 생각과 질문 그리고 의견을 칠판에 적는다.

5. 아이디어를 문장으로 표현하는 방법을 학급 전체가 토론한다. 학생들이 서로 아이디어를 공유하고 협의해서 정확하면서도 명징한 문장을 만들 수 있도록 유도한다.

6. 합의된 문장을 칠판에 적는다. 그 문장을 #1로 표기하고 학생들에게 각자의 일지에 똑같이 쓰게 한다.

7. 교사가 두 번째 문단을 큰 소리로 읽는다. 위의 순서와 동일하게 진행하고 이번에 합의된 문장은 #2로 표기한다. 전체 텍스트를 다 읽을 때까지 위 과정을 반복한다.

8. 한 페이지 분량의 텍스트를 한정된 문장 개수에 맞춰서 어떻게 요약했는지 학급 전체가 토론한다. 일련의 요약 문장들을 다시 읽으면서 의미를 파악한다. 간결한 요약문이 될 수 있도록 필요에 따라 수정한다.

〈표 3.2〉는 요약문 평가 시 유용하게 사용할 수 있는 루브릭이다.

표 3.2 요약문 쓰기 평가를 위한 루브릭

	4점	3점	2점	1점
길이	6-8개 문장	9개 문장	10개 문장	11개 이상 문장
정확성	모든 문장이 제시문의 내용을 정확히 반영하고 있다.	대부분의 문장이 제시문의 내용을 정확히 반영하고 있다.	일부 문장에서 관련 없는 정보나 의견을 제시하고 있다.	대부분의 문장에서 관련 없는 정보나 의견을 제시하고 있다.
어휘 변용	제시문에서 그대로 가져와 연달아 쓴 어휘 수가 4개 이하다.	제시문에서 그대로 가져와 연달아 쓴 어휘 수가 4개 이상인 문장이 하나다.	제시문에서 그대로 가져와 연달아 쓴 어휘 수가 4개 이상인 문장이 둘이다.	제시문에서 그대로 가져와 연달아 쓴 어휘 수가 4개 이상인 문장이 셋 이상이다.
중심내용	요약문은 주요 개념과 중요한 세부사항으로만 구성되어 있다.	요약문에 주요 개념과 지엽적인 사항이 일부 포함되어 있다.	요약문에 주요 개념과 지엽적인 사항만 포함되어 있다.	주요개념을 전혀 포함하지 않았다.
문장규칙	문장부호, 문법, 맞춤법의 오류가 1개 이하다.	문장부호, 문법, 맞춤법에서 2~3개의 오류가 있다.	문장부호, 문법, 맞춤법에서 4~5개의 오류가 있다.	문장부호, 문법, 맞춤법에서 6개 이상의 오류가 있다.

출처: 「What's the gist? Summary writing for struggling adolescent writers(요점이 뭡니까? 글쓰기에 어려움을 겪는 청소년 작가를 위한 요약문 쓰기)」(Frey, Fisher, & Hernandez, 2003)「Voices from the Middle」, 11권(2호), p.48. 저작권은 National Council of Teachers of English에 있으며 승인을 받아 수정

쓰기 길잡이 제공

다양한 상황에서 쓰기 길잡이(writing prompts)는 학생들의 이해도를 파악할 때 유용하다. 예를 들어 수업을 마무리 할 때 사용하는 출구카드(exit slips)를 생각해보자. 학생들은 교사가 제시한 화제나 질문이 담겨 있는 카드를 읽고 답변을 작성한 다음, 수업을 마치고 교실을 나설 때 교사에게 제출한다. 그러면 교사는 출구카드의 내용을 검토해서 학생들이 이해한 것과 더 배워야 할 것이 무엇인지 판단한다. 생물과목이라면 '동물성 플랑크톤과 원시 플랑크톤의 유사점과 차이점을 기술하시오' 같은 쓰기 길잡이를 제시할 수 있다. 사회교과라면 서부 개척시대를 다룬 단원에서 '지붕 덮인 마차를 탔겠는가? 왜 탔는가, 혹은 왜 타지 않았는가?'라는 길잡이 질문을 제시하면 된다. 그 외에 유용한 쓰기 길잡이로는 다음과 같은 것들이 있다(Fisher & Frey, 2008b).

- **입실카드:** 학생들이 교실에 들어설 때 '처칠은 누구이며, 왜 우리가 주목해야 하는가?', '세포분열 과정을 기술하시오' 같은 주제에 대해 짧은 글을 쓰게 한다.
- **수정구슬**(crystal ball, 미래를 내다보거나 점을 칠 때 쓰는 커다란 유리구슬로, 여기서는 유리구슬 그림이 인쇄된 종이를 나눠주고 앞일을 예상하는 글쓰기를 진행하는 것을 의미-옮긴이): 수업에서 어떤 내용을 배울지, 지금 읽고 있는 소설에서 앞으로 어떤 일이 일어날지, 또는 과학실에서 다음에 어떤 실험이 진행될지 등 학생들이 예상하는 내용을 적게 한다.

- **텍스트 변형시(found poems):** 학생 자신이 작성한 것이든 출판된 것이든 한 편의 텍스트를 읽고 핵심 어구를 찾는다. 학생들은 새로운 단어를 추가하지 않고 텍스트에서 직접 찾은 어구만 사용하여 시를 짓는다.
- **시상식:** '가장 흥미로운 인물' 또는 '가장 위험한 화학물질'처럼 교사가 어떤 상을 제정하면 학생들이 해당 인물이나 대상을 추천한다.
- **어제의 소식:** 영화, 강의, 토론, 독서 등 하루 전날 학생들이 접한 정보를 요약하게 한다.
- **입장 취하기:** '인종이란 무엇이며, 왜 중요한가?' 또는 '무엇이 목숨을 걸 만큼 가치 있는 일인가?' 등 논란이 되는 주제에 대해 의견을 적게 한다.
- **편지:** 선출직 공직자나 가족 구성원, 친구들 혹은 변화를 만든 인물에게 학생들이 편지를 쓴다. 예를 들면 '마틴 루터 킹(Martin Luther King Jr.)에게 시민권과 관련하여 진전된 것 혹은 진전되지 않은 것에 대하여 편지를 쓰시오'라는 지시문에 답하게 한다.

학생의 이해도를 파악할 때 쓰기 길잡이를 활용하는 것이 얼마나 효과적인지를 보여주는 사례가 있다. 다음은 『샬롯의 거미줄(Charlotte's Web)』을 반쯤 읽고 나서 한 학생이 작성한 수정구슬(crystal ball) 글쓰기다.

실제 일어난 일이 아니라 허구의 이야기이므로, 내 생각에는 샬롯이 윌버(Wilbur)를 구할 것 같다. 크리스마스에 저녁식사로 잡아먹히지는 않을 것이다. 샬롯에게 아기 거미들이 생길 것 같고 온 가족이 윌버를 농장에서 데리고 나올 것 같다. 어쩌면 펀(Fern)이 윌버를 무척 좋아하고 윌버가 하는 말을 들을 수 있으니까 도와줄지도 모른다. 왜냐하면 윌버가 두려워하고 있고, 펀은 그런 윌버가 안전하길 바라기 때문이다.

분명한 것은 이 학생이 지금까지 읽은 내용의 핵심개념을 이해하고 있으며 등장인물과 그들이 할 법한 행동을 알고 있다는 점이다. 또한 픽션과 논픽션의 차이, 이야기의 구성방식도 이해하고 있다. 이 짧은 글쓰기 예시는 학생이 이해한 것과 아직 더 배워야 할 것을 포함하여 여덟 살 아이의 생각을 보여준다.

RAFT

우리의 경험에 따르면, 이해도를 파악할 때 특히 유용한 것이 학습을 위한 글쓰기 전략 중 하나인 RAFT 길잡이 정보이다. RAFT 길잡이 정보는 학생들이 각기 다른 관점에서 글을 써볼 수 있도록 유도하기 위해 고안되었다(Santa & Havens, 1995). RAFT 길잡이 정보를 통해 학생들은 글쓰기 과정에서 역할, 독자, 형식 등을 다양하게 고려할 수 있다. 이것은 일종의 스캐폴딩(scaffolding, 학습자가 현 수준을 넘어서 다음 단계의 수준에 이르도록 점진적으로 제공되는 지원-옮긴이)이 된다(Fisher & Frey, 2007c). RAFT는 약어로 다음을 가리킨다.

역할(Role) —작가의 역할은 무엇인가?

독자(Audience) —누구를 대상으로 글을 쓰는가?

형식(Format) —어떤 형식으로 글을 쓸 것인가?

화제(Topic)—글의 주제는 무엇인가?

　

다음은 '행복으로 가는 길을 돈으로 살 수 있는가?'라는 본질적 질문을 탐구하는 단원에서 한 학생이 RAFT 길잡이 정보를 활용하여 답한 내용이다.

　

R —인간, 어쩌면 당신

A —다른 인간

F —자유시

T — 행복을 돈으로 사는 법

　

이 학생의 시에서는 독자들과 공유하고 싶은 내용은 물론 질문에 대한 자신만의 독특한 해석까지 드러난다.

　

돈

사람

탐욕스러운 무정한 미인들

동전 하나만 달라고?

스스로 구하라

우리 사회는

천천히 허물어지고 있다

허물어지는 것은 우리인가?

아니면, 우리를 둘러싼 그들인가?

삶은 천천히 건조기 안에서 돌아간다

그리고

고요하다

건조기에 무엇을 더 넣을까?

사랑이라 불리는

아주 부드럽고 섬세한 조그만 섬유유연제 한 장

이것이 도움이 될까?

혹은 상처가 될까?

나도 모르지만 어떤 까닭인지

안심이 된다

프로젝트와 수행성과를 활용한 이해도 파악

교실현장에서 학생들이 만들어내는 학습결과물은 단원별 평가를 위한 프로젝트(projects)와 수행성과(performances)에 집중되어 있다. 일반적으로 이러한 활동은 학습자가 최종결과물을 산출해내기까지 스스로 종합하고 평가하고 창조할 수 있도록 설계된 최종결과적 경험(capstone experience)으로 간주된다. 주로 학습 사이클의 마지막 단계에서 쓰이지만, 단원 전반에 걸쳐 형성평가를 실시할 때 유용한 수단이 되기도 한다. 여기서 수행성과는 공식적인 발표회와 동의어가 아니라, 스킬(skills)이나 프로세스의 수행을 뜻한다는 점을 기억하자.

따라하며 배우기와 반복

보편적으로 수업 초반에 시행되는 형성평가 기법은 따라하며 배우기, 즉 섀도잉(shadowing)이다(Siedentop, 1991). 이는 특정 역량에 학생들이 얼마나 근접했는지 평가하기 위해서 학생들에게 동작이나 스킬을 따라할 것을 요구한다. 예를 들어, 무용교사가 일련의 스텝을 보여준 다음 동작 하나하나를 끊어서 설명하면 학생들이 그대로 따라한다. 교사는 전체 학생을 재빨리 훑어본 다음 제대로 따라하지 못하는 학생들을 개별적으로 코치한다. 수학교사는 방정식 풀이과정에서 규칙적으로 짬을 주어서 다음 단계를 계산해보라고 지시하고 개별 학생들이 제대로 하고 있는지 살핀다. 유치원 교사는 칠판에 'B'라는 글자를 쓰고 아이들이 활동지에 똑같이 따라 쓰게 한다. 아이들이 쓰는 동안 글자의 형태와 방향이 적절한지 재빨리 검토한다.

두 번째 기법은 반복(reiteration)이다(Rauschenbach, 1994). 반복은 따라하며 배우기 다음에 이어지는 기법으로, 학생들이 개념이나 스킬을 자기만의 언어로 바꿔 말하면서 짝에게 전 과정을 시범보이는 활동을 뜻한다. 가령, 무용수업에서 학생들은 교사를 똑같이 따라한 다음 각자의 파트너와 마주보고 동일한 스텝을 해 보이면서 구두로 동작을 되풀이하여 설명한다. 수학시간의 경우, 학생들은 짝을 마주보고 자신이 어떻게 문제를 풀고 답을 찾았는지 설명한다. 유치원 수업에서 교사는 각자 작성한 활동지를 서로 보여주게 한다. 이 모든 사례에서 교사는 개별 학생의 학습수준에 관한 단서를 찾기 위해 교실을 부지런히 돌아다니며 학생들의 이야기를 듣고 지켜본다.

이런 식으로 이해도를 파악하는 과정은 언뜻 단순해 보이지만 실은 매우 정교한 교수법이며, 초임교사와 숙련된 교사 간에도 차이가 드러난다. 초임교사들은 따라하며 배우기와 반복을 학생들에게 더 많은 연습을 지시하기 위한 수단으로 여긴다. 교사와 똑같이 하려면 따라하며 배우기와 반복이 필요하다고 생각하기 때문이다. 반면에 숙련된 교사들은 다음 단계에서 무엇을 할 것인지 현명한 결정을 내리기 위해 형성평가 정보를 수집할 수 있는 기회로서 따라하며 배우기와 반복 기법을 활용한다. 다시 말하면, 다음과 같은 질문을 스스로에게 던지는 것이다. 재교육에 더 많은 시간이 필요한가, 아니면 다음 단계로 넘어갈 시점인가?

프로젝트 체크리스트

대부분의 프로젝트 활동은 결과물을 완성하기까지 비교적 장기간에 걸쳐(보통 몇 개의 차시로 구성) 운영되기 때문에, 진행상황을 점검할 방법이 없으면 잘못된 방향으로 흘러가기 쉽다. 또 프로젝트가 너무 많으면 준비 단계부터 완료까지 교사가 전 과정을 관리하기도 쉽지 않다. 체크리스트는 믿기지 않을 만큼 단순하면서도 훌륭한 도구다. 학생들이 주제에서 벗어나지 않도록 방향을 잡아주고, 스킬과 개념에 대한 이해도가 어떻게 향상되는지 파악할 수 있기 때문이다.

복잡한 환경 속에서 전문가는 두 가지 어려움에 직면한다. 첫 번째는 인간의 기억력과 주의력이 오류를 범하기 쉽다는 것이다. 특히 평범하고 일상적인 문제일수록 긴박한 사건이 닥치면 중압감에 짓눌려 간과하기 쉽다. (중략) 방심할 수 없는 또 다른 어려움은 사람들이 모든 단계를 기억하면서도 몇몇 단계는 생략해도 괜찮다고 스스로를 안심시킨다는 것이다. 어쨌든 복잡한 과정을 진행하다 보면 모든 단계가 항상 중요하진 않다. (중략) 체크리스트는 그런 실수에 대비해 보호책을 마련해줄 수 있다. 구체적으로 체크리스트는 필요한 최소한의 단계를 상기시키고 명쾌하게 안내한다(Gawande, 2009, p. 36).

예를 들어, 벙커힐 전투(Battle of Bunker Hill) 장면을 재현하는 디오라마(diorama, 실물을 축소시킨 여러 소품을 이용하여 하나의 장면을 구현해내는 것-옮긴이)를 만드는 일이 파열된 대동맥을 수술하는 것만큼 복잡해 보이지 않을 수는 있다. 하지만 그 내용을 전혀 모르는 학습자에게는 그만큼이나 복잡하다. 이것이 핵심이다. 프로젝트 기법은 학생들이 무언가 새로운 것을 창조하기 위해 노력하는 과정에서 그동안 배운 것들을 종합해보는 기회를 제공하고자 고안되었다. 따라서 특별히 배경지식이나 새로운 개념을 활용하는 데 항상 효과가 있는 것은 아니다. 체크리스트는 프로젝트의 방향을 잡아주기도 하지만, 프로젝트를 진행하는 과정에서 교사와 학생 간의 상호작용을 위한 수단을 제공하기도 한다.

표 3.3 **무어 박사의 체크리스트**

이름   아말(Amal)

15번째 리터러시 레터
체크리스트

이 체크리스트를 리터러시 레터와 함께 제출하시오.

☑ 글꼴: 타임스 뉴 로먼(Times New Roman), 크기 12

☑ 줄 간격: 2.0

☑ 제목에 밑줄을 그었는가?

☑ 저자가 포함되어 있는가?

☑ 작성일: 년   월   일

☑ 인사말을 하고 수신인 이름 옆에 쉼표(,)로 마무리: 친애하는 무어 박사님께,

☑ 첫 번째 문단 들여쓰기

☑ **첫 번째 문단 작성(반쪽 분량): 책에서 새롭게 얻은 정보를 적으시오.**

☑ 두 번째 문단 들여쓰기

☑ **두 번째 문단 작성: 여러분이 읽은 책 속의 주인공에 대해서 생각해보시오.**

   주인공이 몇 살인가? 작가는 의도적으로 주인공의 나이를 이렇게 설정했다. 왜일까?

   만일 주인공이 더 어렸다면, 혹은 나이가 더 많았다면 이야기가 어떻게 달라졌을까?

☑ 맺음말을 하고 쉼표로 마무리: 진심을 담아서 올림,

☑ 맺음말 아래 서명하기

☑ 추신 작성: 이 책에 대한 나의 점수는 _____

☑ 맞춤법과 문법을 확인했는가?

☑ 한 번 읽어보기

☑ 다시 읽어보기!

☑ 큰 소리로 다시 읽어보기!

9학년 영어 담당교사인 무어(Moore) 박사는 체크리스트를 유용하게 활용한다. 무어 박사가 가르치는 학생들은 자율적으로 읽고 있는 텍스트에 관해 매주 박사에게 편지를 쓴다(Frey, Fisher, & Moore, 2009). 이러한 반복훈련 덕분에 박사는 학생들과 지속적인 의사소통을 할 수 있게 됐다. 하지만 일주일에 150건의 읽기활동을 일일이 검사하긴 어렵기 때문에 무어 박사는 매주 리터러시 레터(literacy letter)를 보낼 때 동봉할 체크리스트를 개발했다(⟨표3.3⟩ 참조). 학생들이 매주 사용하는 체크리스트에는 책 제목에 밑줄 긋기처럼 일반적인 항목을 비롯하여, '주인공이 나이가 더 많았거나 어렸다면 이야기가 어떻게 달라졌을까'와 같이 좀 더 복잡한 항목도 들어 있다. 체크리스트를 통해 무어 박사는 학생들이 과제를 마치기 전에 미리 이해도를 파악할 수 있게 됐다. 그런 일이 어떻게 가능한지 다음의 대화를 살펴보자.

무어박사 아말, 리터러시 레터는 잘 되고 있니?

아말 그런 것 같아요.

무어박사 지금까지 작성한 내용을 한번 볼까? [대화를 잠시 멈추고 편지를 읽는다] 도입 부분도 형식에 맞고[항목들을 하나씩 검토하며 체크한다], 지금까지 읽은 내용도 간결하게 잘 정리했네.『루머의 루머의 루머(Thirteen Reasons Why)』를 읽고 있구나. 꽤 무거운 내용인데, 이 책을 선택한 이유가 있니?

아말 네, 정말 슬픈 내용이에요. 해나(Hannah)라는 소녀가 자살을 하는데 주변 사람들에게 테이프를 몇 개 남겨요.

무어박사 저런, 지금까지 읽어본 느낌은 어때? 어째서 이 책을 선택한 거지?

아말 음, 제가 어릴 때 이모 한 분이 자살을 하셨어요. 잘 기억나진 않지만 이모의 자살이 아직도 가족들에게 얼마나 큰 상처인지 잘 알아요. 특히 엄마에게요.

무어박사 그 말을 들으니 정말 마음이 아프구나. 그런 죽음으로 인한 고통은 결코 사라지지 않지. 당시에 이모가 몇 살이었어?

아말 스물한 살이었어요.

무어박사 해나보다 많았네, 그렇지? 혹시 이모랑 비슷한 점이나 다른 점이 있다고 생각하니?

아말 글쎄요, 많이는 아니고 약간요. 해나는 자신이 떠나는 이유를 모두에게 알리고 싶을 만큼 화가 많이 났던 것 같아요. 좀 더 계획적이었고, 다른 사람들도 똑같이 상처받기를 원했어요. 이모는 그렇지 않았어요. 수년간 심각한 우울증을 앓았는데, 그래서 홀연히 사라진 것 같아요. 이모는 이렇게 엄청난 작품을 남기지 않았어요.

무어박사 해나가 한 일 때문에 화가 난 것처럼 들리는구나.

아말 좀 그래요. 화가 났다기보다는 좀 짜증나요. 그런 식으로 공격하는 건 유치하잖아요.

무어박사 나이와 어떤 상관관계가 있지 않았을까? 두 번째 문단에 여기에 대한 의견이 포함되어 있니?

대화는 몇 분 더 이어졌고, 아말은 무어 박사의 질문에 어떻게 접근할지 새로운 관점을 갖고서 자신의 편지를 다시 검토했다. 이 사례는 체크리스트와 교사와의 상호작용, 두 가지 요소가 모두 새로운 학습이 일어나도록 자극한 경우다. 이런 일은 이해도를 파악하는 과정에서 흔히 일어난다.

발표

어떤 시점에 이르면 많은 교사들은 특정 주제에 대해 발표(presentation) 과제를 내주면서 학생들이 설계하고 주도하도록 한다. 그런데 이런 발표는 듣는 사람이 지루해할 수 있고, 무엇보다 교사가 얼마나 좋은 결과를 얻을 수 있을지 의문스럽다. 학생 주도의 발표는 미심쩍은 정보들, 대부분의 내용을 노트를 보고 그대로 읽는 행위, 그리고 지나치게 많은 슬라이드가 특징이다. 물론 학생들에게는 또래들과 정보를 공유할 기회가 필요하다. 그래야 자신의 견해를 피력할 수 있는 더욱 단단한 발표자로 거듭날 수 있다. 또 발표를 시키는 것은 특정 주제에 대한 학생의 지식을 평가할 수 있는 훌륭한 방법이기도 하다. 하지만 발표 직전의 학생이 교실 앞에 서 있는데 그제야 비로소 교사가 발표 내용을 들춰본다면 어떤 내용도 수정하기 어렵다.

발표 내용을 구성하는 방법에는 여러 가지가 있고, 어떻게 구성하느냐에 따라 총괄적 정보는 물론 형성적 정보도 수집할 수 있다. 기술의 발달 덕분에 이러한 정보의 수집은 불과 5년 전보다 훨씬 용이해졌다. 일례로, 6학년 사회과목을 가르치는 빌링슬리(Billingsley) 선생님은 몇 주 후에 예정된 발표 준비를 위해 학생마다 비디오카메라 앞에 서서 핵심내용을 정리한 요약문을 2분 동안 발표하게 했다. 선생님은 이 짧은 영상들을 학교 온라인 플랫폼에 업로드하고 모니터링 기능이 있는 토론게시판을 개설했다. 학생들은 영상 세 개를 선택해서 살펴본 다음 토론게시판에 피드백을 남겼다. 학생들은 발표자의 주요 논점을 파악한 뒤 요약하고, 발표자가 메시지를 이해시키기 위해 사용했던 두 가지 효과적인 행동에 대해 구체적인 피드백을 제시하며, 개선할 점 한 가지를 제안해야 했다. 외모에 대한 평가처럼 주제와 관련 없는 의견은 일절 허용되지 않았다. 아이디어의 내용, 발표자의 움직임, 몸짓, 목소리에 대해서만 의견을 낼 수 있었다.

빌링슬리 선생님이 모니터링 기능이 있는 토론게시판을 개설한 이유는 학생들의 의견을 공개하기 전에 승인과정을 거치기 위해서였다. "사실 2년 동안 이 일을 하면서 바로잡아야 했던 사례는 거의 없었습니다." 선생님의 설명이다. "게시판에 글을 올리기 전, 학생들과 서로를 지지하는 방법에 대해 많은 시간을 이야기합니다. 익명의 의견이 허용되지 않는 게시판이기 때문에 서로에 대한 책임감이 클 수밖에 없는 거죠."

각 영상을 보고 학생들의 의견을 읽으면서 선생님은 발표자 개개인에게 필요한 것이 무엇인지 간파하는 통찰력을 얻었다. 빌링슬리 선생님은 이렇게 전했다. "아이들이 개선안에 관심이 많기 때문에 후속조치에도 도움이 됩니다."

한 가지 사례가 더 있다. 4학년을 담당하는 알렉산더(Alexander) 선생님 반의 학생들은 대다수가 영어 외의 언어를 모국어로 삼고 있는 영어학습자들이다. "저는 학생들이 만드는 팟캐스트(podcast)의 열렬한 팬이 되었습니다." 알렉산더 선생님의 말이다. 사실, 팟캐스트 제작기술은 사용하기 훨씬 쉬워졌고, 학생들도 무척 능숙해졌다. "팟캐스트를 좋아하는 한 가지 이유는 녹음하기 쉽다는 겁니다." 알렉산더 선생님은 이렇게 덧붙였다. "제가 가르치는 학생들 가운데 상당수가 남들 앞에서 말하는 걸 꺼립니다. 그런데 팟캐스트를 활용하면 본인이 만든 작품을 게시하기 전에 재생해볼 수 있습니다. 마음에 들지 않으면 삭제하고 다시 녹음하면 됩니다."

알렉산더 선생님은 보이스쓰레드(VoiceThread)라는 상호참여형 발표 웹사이트(www.voicethread.com)도 사용한다. 학생들은 보이스쓰레드에 발표 자료를 업로드하고 각 슬라이드에 첨부할 내용을 음성으로 녹음하거나 문구로 작성할 수 있다. 알렉산더 선생님에 따르면, 보이스쓰레드는 학생들이 발표에 덧붙일 시각자료가 필요할 때 특히 유용하다. 뿐만 아니라 사람들이 발표를 보고 나서 슬라이드 내용에 대해 질문을 하거나 추가 의견을 제시할 수도 있다. 알렉산더 선생님은 이렇게 덧붙였다. "제가 제일 먼저 봅니다. 학생들이 발표 초안을 올리면 저는 그걸 들으면서 어느 정도 초기평가를 합니다. 그리고 필요한 부분을 수정할 수 있도록 몇 가지 질문과 제안을 남기지요. 학생들은 준비가 되면 자신이 만든 발표 자료를 학급 전체가 볼 수 있게 공개합니다."

시험을 활용한 이해도 파악

가장 흔히 사용되는 시험(tests)의 형태가 총괄평가이긴 하지만, 퀴즈를 활용하여 이해도를 파악하는 것처럼 시험은 형성평가 방식으로도 사용될 수 있다. 시험의 효과를 다룬 연구에 따르면, 시험은 학습을 강화할 뿐만 아니라 망각의 속도를 늦춘다(Rohrer & Pashler, 2010, p.406).

망각은 가볍게 여길 사안이 아니다. 새롭게 알게 된 내용을 짧은 시간 내에 다시 써먹지 않으면 쉽게 잊어버린다. 학습내용이나 스킬을 많이 훈련할수록 망각의 속도가 느려지지만, 배운 것을 활용하지 않는 상태에선 시간이 경과할수록 망각의 속도가 빨라진다. 시험에는 여러 가지 유형이 있는데 그중 몇 가지를 소개한다.

짧은 퀴즈

이 방법은 기억력 촉진에는 유용할 수 있으나 몇 가지 주의사항이 있다. 첫 번째, 어떤 중요한 퀴즈나 시험을 공지한다고 해서 자동적으로 학습의 촉진에 도움이 되는 것은 아니다. 재인(recognition, 과거에 경험한 것을 현재의 경험 속에서 다시 의식에 떠올리는 일-옮긴이)보다 회상(recall)을 요구하는 시험이 학습을 더욱 촉진시킨다(Rohrer & Pashler, 2010). 두 번째, 퀴즈나 시험이 학습자에게 유익하게 작용하려면 반드시 교정 메커니즘이 포함되어야 한다. 만일 퀴즈가 단순히 정답 맞히기와 점수 주기로 끝나버린다면 새로운 배움으로 이어질 가능성은 없다. 마지막으로, 시험에 대한 불안감은 회상능력 강화에 거의 도움이 되지 않는다. 학습활동 자체에 주목하기보다 점수에 연연하는 학생들은 퀴즈를 공포의 대상으로 여길 것이다. 퀴즈란 점수를 받기 위한 테스트가 아니라 학습을 위한 도구로 제시되어야 한다는 사실을 명심하자.

스스로 교정하는 맞춤법

우리가 아는 몇몇 초등학교 교사들은 학생들이 표준철자법을 제대로 익힐 수 있도록 스스로 교정하는 맞춤법(self-corrected spelling) 활동을 날마다 실시한다(Fearn & Farnan, 2001; Frey, 2010). 매일 몇 분씩 학생들은 교사가 읽어주는 목표 단어들을 받아쓴 다음 각 단어의 철자를 하나하나 맞춰본다. 학생들은 철자의 누락, 첨가, 대체를 판단하기 위해 편집코드를 사용하여 왼쪽에서 오른쪽 방향으로 단어들을 점검한다. 그리고 단어에서 발견된 첫 번째 오류에는 사각형을 표시하고, 두 번째 오류에는 원, 세 번째 오류에는 삼각형을 표시한다(한 단어에 세 개 이상의 오류가 발견되는 경우는 드물다. 만약 그렇다면 학생들에게 그 단어가 너무 어렵다는 신호다). 그런 다음, 종이에 해당 단어를 정확하게 쓰고 그 종이를 뒤집어서 맞춤법 테스트를 다시 받는다. 학생들은 모든 단어를 다시 써보고 오류분석을 되풀이한다. 이 과정에서 거의 대부분이 개선안을 찾아낸다. 학생들이 모든 단어의 철자를 정확하게 쓸 때까지 이 과정을 매일 반복해야 한다. 연습효과(practice effect), 그리고 오류 및 교정에 대한 의식적인 집중은 학생들의 맞춤법 실력을 크게 향상시킨다. 여기서는 맞춤법을 가지고 설명했지만 이 과정은 내용영역의 어떤 항목으로든 대체 가능하다.

빈칸 채우기와 낱말 선택하기

학습한 정보를 떠올리게 하는 방식들은 기억과 학습을 촉진한다. 이해도를 파악하는 주된 의도가 바로 기억과 학습의 촉진을 위해서다. 짧은 텍스트를 읽고 빈칸을 채우게 하거나 적절한 낱말을 선택하게 하는 테스트가 그렇다. 빈칸 채우기(cloze procedure)를 실시할 때는 선택된 텍스트에서 첫 문장과 마지막 문장은 그대로 두고, 그 외 문장에서 5번째나 7번째 혹은 9번째 단어를 삭제한다(Taylor, 1953). 삭제한 단어는 빈칸으로 표시하는데, 이렇게 하면 과제 자체가 회상을 통한 인지적 활동으로 (쉽게) 전환된다. 예를 들면 다음과 같다.

메리에게는 _____양이 한 마리 있습니다. 양털은 _____처럼 하얗습니다.

텍스트는 교과서에서 발췌하거나 교사가 직접 작성한다. 빈칸 채우기는 학생들이 배경지식을 이미 갖고 있는지 확인하기 위한 도구로서 새로운 단원을 시작할 때 특히 효과적이다. 단원을 학습하는 동안 전날 배운 내용을 복습하는 데도 빈칸 채우기가 도움이 된다. 스스로 교정하는 맞춤법 활동과 마찬가지로 결과는 점수화하지 않는다. 대신, 이해도를 파악하고 향후 수업에 대해 어떤 결정을 내리는 용도로 활용한다.

그런데 어린 학생들의 경우 빈칸 채우기를 완수하지 못할 수도 있다. 이럴 때는 낱말 선택하기(maze procedure), 즉 삭제한 단어의 첫 자만 알려주고 나머지를 채우는 방식으로 변경하면 아이들의 수행능력을 끌어올릴 수 있을 것이다. 만약 지식을 테스트할 목적이라면 특정 단어를 삭제해도 된다.

메리에게는 ㅇ_____양이 한 마리 있습니다. 양털은 ㄴ_____처럼 하얗습니다.

상황에 따라서는 낱말 선택하기를 할 때 단어별로 세 가지 보기를 제시하기도 한다. 이렇게 하면 회상보다 재인(recognition)이 더 많이 요구되지만, 일부 학생들에게는 적절한 방법이 될 수 있다.

메리에게는 (큰, 작은, 어린) 양이 한 마리 있습니다. 양털은 (면, 눈, 데이지 꽃)처럼 하얗습니다.

이 두 가지 방법을 사용할 때는 문법적으로나 의미상으로 일관성 있게 선택지를 구성해야 한다. 명백히 정답과는 거리가 먼 선택지를 제거함으로써 학생들이 구문지식(knowledge of syntax)과 같은 별도의 전략을 써서 맞는 답을 골라낼 가능성을 사전에 차단하는 것이 좋다.

QAR 기법

형성평가는 내용지식의 확인과 더불어, 학생들이 왜 정답 또는 오답을 선택했는지 그 이유를 탐색할 수 있게 한다. 질문-대답 관계모형(Question-Answer Relationships, QAR), 즉 QAR 기법은 주어진 텍스트에서 정보를 찾을 때 쓰는 의사결정 프레임워크를 학생들에게 제공한다(Raphael, 1986). QAR 기법은 학생들이 각 질문에 관련된 정보를 텍스트에서 직접 찾을 수 있는지(텍스트 명시적 질문), 아니면 질문에 답하기 위해서 텍스트와 배경지식을 조합하여 관련 정보를 추론해야 하는지(텍스트 묵시적 질문) 판단하는 수단으로 개발되었다. 이 프레임워크는 아래와 같이 4가지 질문 유형으로 나뉜다.

1. **본문에서 바로 답을 찾을 수 있는 질문(텍스트 명시적):** 이 질문에 대한 답은 텍스트에서 찾을 수 있다. 보통 한 문장 내에서 바로 찾는다.
2. **생각하며 답을 찾아야 하는 질문(텍스트 명시적):** 이 질문에 대한 답도 텍스트에서 찾을 수 있지만 문장과 문단 여기저기에 흩어져 있다.
3. **독자가 저자의 의도를 읽어내야만 답할 수 있는 질문(텍스트 묵시적):** 답이 텍스트에 직접적으로 언급되어 있지 않고 텍스트를 토대로 자신의 의견을 정립해야 한다(예시: "이 단락의 어조는 ~").
4. **독자의 배경지식을 이용해야만 답할 수 있는 질문(텍스트 묵시적):** 학생들은 자신의 배경지식을 활용해서 질문에 답해야 한다(예시: "여러분의 경험을 바탕으로~").

먼저 학생들에게 4가지 질문 유형과, 각각의 질문과 텍스트의 관계에 대해 설명한다. 그런 다음 텍스트를 활용한 퀴즈나 시험을 실시하여 질문의 유형을 파악하는 연습을 시킨다. 일례로, 8학년 과학을 담당하는 르엉(Luong) 선생님은 퀴즈를 낼 때 질문을 두 번째 형식으로 구성한다. "학생들에게 우리가 공부했던 내용과 관련 있는 짧은 과학기사를 제시하고 몇 가지 질문을 만듭니다." 르엉 선생님이 말했다. "각각의 질문 옆에는 내용을 하나씩 덧붙이는데, 학생들이 질문의 유형을 정하고 답을 어디서 찾을지 선택하도록 하기 위해서입니다." 이렇게 하면 학습과정에서 생겨나는 오류에 대한 상세정보를 얻을 수 있다고 선생님은 전했다. "정보를 알고 있으면서도 엉뚱한 곳에서 답을 찾는 학생이 가끔 있습니다." 그리고 이렇게 덧붙였다. "흔히 학생들은 자신의 생각을 들여다보는 대신 텍스트에서 바로 답을 찾으려고 합니다. 그 과정을 살펴보면 학생들과 대화할 수 있는 부분이 생기고, 수험전략을 훨씬 더 구체적으로 배울 수 있습니다."

공동평가를 활용한 이해도 파악

학생들의 이해도를 파악하기 위해 과목별·학년별 교사들이 정기적으로 만나 학업성과를 검토하는 식으로 학교 전체 차원에서 협력하는 방법도 있다. 예를 들어 학생들은 소속 학년 동안 정해진 시기에 (최소 6주마다) 학습결과에 대한 공동평가(common assessment)를 받을 수도 있다. 이때의 공동평가는 벤치마크 평가가 아니라, 향후 수업의 방향을 결정하기 위한 것이다. 반대로, 읽기능력 진단을 위한 디벨스(DIBELS, Dynamic Indicators of Basic Early Literacy Skills)나 학생의 진전도를 모니터링할 수 있는 온라인 형성평가 시스템인 에임스웹(AIMSWEB)과 같은 벤치마크 평가도구들은 학생의 성과가 내용기준에 얼마나 잘 부합하는지 확인하기 위해 설계되었다. 캘리포니아주 교육부에 따르면, 벤치마크 평가에는 수행과제가 포함되기도 하지만 '타당성, 신뢰성, 공정성을 유지하기 위해 표준화된 관리 및 채점 절차를' 더 많이 사용한다(n.d., para. 1).

벤치마크 평가가 가치 없다고 말하려는 게 아니다. 벤치마크 평가는 가치가 있다. 그러나 우리의 경험에 따르면, 교사들이 연합해서 공동평가를 개발할 때 벤치마크 평가 점수가 더 빨리 상승했다. 평가의 개발이 완벽하지 않을 수는 있지만, 그 과정에서 교사들은 성취기준에 대해 논의할 수 있다. 구체적으로 성취기준을 어떻게 평가해야 할지, 현재 학생들이 어떻게 학습하고 있는지, 그리고 시험에서 능숙(proficiency) 등급에 해당하는 점수를 받으려면 어떤 수업이 필요한지 등을 함께 논의해보는 기회가 생기는 것이다. 다시 말하면, 공동평가를 개발하는 것은 교사들에게 '최종 목표를 염두에 두고 시작할' 수 있는 기회를 제공한다(Covey, 2004). 뿐만 아니라, 학생들은 공동평가를 통해서 시험 유형에 익숙해지는 훈련을 할 수 있으며, 이는 성적 향상으로 이어진다(e.g., Langer, 2001). 시험 유형을 파악하고 있어야 시험을 좀 더 잘 볼 수 있기 때문이다.

동사 과거형의 올바른 사용에 대한 학생들의 이해도를 파악하기 위해 제시된 문제를 두고 의견을 나누는 교사들의 대화를 살펴보자.

해당 능력을 평가하는 문제는 매년 실시하는 국가시험에 다음과 같은 형태로 출제된다.

밑줄 친 단어 대신 들어갈 올바른 단어를 선택하시오.

5. The sun <u>rised</u> over the mountains.

    A. raised

    B. rose

    C. rosed

    D. 맞게 작성되었음

이 질문에 정확하게 답한 학생은 겨우 22퍼센트였다. 학생 대다수가 C를 선택했다. 미루어 짐작컨대, 학생들은 이 단어가 불규칙동사라는 사실을 어느 정도 알고는 있지만 어떻게 답을 찾아야 할지 정확히 몰랐던 듯하다. 이어진 교사 토론에서는 누군가의 의견처럼 "모든 불규칙동사의 형태를 가르치는 것"의 고충에 초점이 맞춰졌다. 또 다른 의견도 있었다. "영어가 모국어가 아닌 학생들은 이 단어들을 구분할 수 있을 만큼 충분히 접해보지 못했습니다. 가족들이 영어를 못하니까 집에서 들을 일이 아예 없는 거죠." 교사들 가운데 한 명이 말했다. "최근에 스티븐 핑커(Stephen Pinker)가 팟캐스트에서 말하는 걸 들었는데요, 우리가 사용하는 동사의 70퍼센트가 불규칙동사라고 합니다. 학생들에게 이 부분을 가르쳐야 합니다. 학생들이 충분히 들을 때까지 마냥 기다릴 수는 없어요." 이 의견이 나오자 대화의 내용은 불규칙동사를 가르칠 수 있는 다양한 방법들로 옮겨갔다. 그리고 소리 내어 읽을 때 확인하기, 칠판에 적어가며 대조하기, 잘못된 용례 바로 잡기 등 불규칙동사의 훈련에 다시 주력하자는 의견에 모두가 동의했다. 마지막으로 자신들의 노력이 성과가 있었는지 확인하기 위해 향후 공동형성평가에서 학생들의 이해도를 재평가하자는 의견에도 동의했다.

공동형성평가는 객관식 시험일 필요가 없다. 우리 학교에서는 모든 학생이 에세이 외에 동영상, 포스터, 랩, 노래, 미술작품 등 창의력을 발휘할 수 있는 다양한 활동을 통해서 핵심 질문에 답한다. 물론 에세이에는 학생들의 생각이 드러나야 하고, 어떤 식으로 글이 전개되었는지 교사가 파악할 수 있어야 한다. 여러 교사들이 에세이를 읽어보고 각자의 의견을 학생들의 생각에 덧붙인다. 다음은 '인종이란 무엇이며, 왜 중요한가?'에 대해 브라이언이 작성한 에세이에서 발췌한 내용이다. 브라이언은 학습장애가 있는 학생으로, 주어진 과제마다 몇 문장밖에 쓰지 못했었다. 그런데 이 질문에는 750개나 되는 단어로 역사적 사진까지 첨부하여 답했다.

인종은 결코 사라지지 않을 것 같은 주제다. 인종은 강한 의미를 지닌 단어다. 인종은 생각 없이 아무렇게나 논해서는 안 되는 두 글자로 이루어진 단어다. 인종은 게임이 아니다. 당신의 한 부분이다. 그러나 인종은 사람들을 억압하기 위해 이용되어왔다. 어떤 사람들은 자신의 인종 때문에 학교에 다니는 것을 허락받지 못했다. 바로 이것이 이 에세이의 핵심이다. 나는 과거부터 오늘날까지 교육계와 관련된 인종에 관한 이야기를 할 것이다.

노예에게 읽는 법을 가르치는 것은 오랫동안 불법이었다. 만일 누군가에게 읽고 쓰기를 가르쳤는데 그 대상이 노예였다면 감옥에 갈 수도 있었다. 심지어 채찍질을 당할 수도 있었다.

1819년 버지니아 법에는 "모든 노예들의 모임이나 집합 행위, 또는 자유 신분의 니그로(negro, 흑인종)나 물라토(mulatto, 흑인과 백인의 혼혈)들이 야간에 예배당 혹은 가정에서 이러한 노예들과 섞여 있거나 어울리는 행위, 그리고 **학교 또는 교육기관**에서 주간이든 야간이든 노예들에게 **읽기나 쓰기**를 가르치는 행위 등은 이유 여하를 막론하고 **불법 집회**로 간주한다. (그리고 처벌에 처한다.) 이를 어긴 사람 또는 단체에 대한 신체적 형벌은 치안판사의 재량에 따르되 채찍질 20회를 초과하지 않는다"라고 되어 있었다.

노예제도가 합법화되어 있던 여러 주에서는 한 명의 노예라도 읽고 쓰는 법을 알게 되면 위험하다고 생각했기 때문에 이 같은 법을 마련했다. 이들 주는 이러한 의견에 공감하고 서로에게 편지를 보냈다. 이들이 프레데릭 더글라스를 좋아하지 않은 것도 같은 이유에서다. 흑인이었던 프레데릭 더글라스는 읽고 쓸 줄 알았으며 자유인 신분이었다. 그는 책을 쓰고 자신의 주장을 알리면서 수많은 사람들을 분노하게 만들었다. 그는 노예가 해방되어야 한다고 주장했다. 그는 읽기와 쓰기가 가능했고 많은 사람들이 그의 생각을 읽게 되었다. 사람들이 노예가 읽고 쓸 줄 알면 위험해진다고 생각했던 이유 중 하나가 바로 이 때문이다.

그러나 '브라운 대(對) 교육위원회(Brown vs. the Board)'라고 불리는 법정 소송사건이 벌어지면서 교육계에 변화가 일어났다. 이 사건에서 판사는 "분리는 곧 불평등"(americanhistory.si.edu/brown/index.html)이라고 판결했고, 이로써 학교는 모든 사람들을 받아들이게 되었다. 이는 흑인학생들이 백인학생들과 함께 학교에 다닐 수 있음을 의미했다. 흑인학생들이 처음 백인학교에 등교했을 때 아무도 이들을 원치 않았기 때문에 힘든 시간을 보낼 수밖에 없었다. 이들은 이미 오랫동안 지속되어온 것들을 변화시키고자 노력했다. 증오심에 넘친 사람들은 학교로 향하는 흑인학생들을 괴롭히기 위해서 학교 주변에서 기다렸다.

브라이언의 에세이는 완벽하지 않지만 인종에 대한 생각을 구체적으로 보여준다. 그리고 사회과목 담당교사가 지금까지 그에게 미친 영향과, 쓰기 교육에서 어떤 부분이 더 필요한지도 분명하게 드러난다. 교사들이 이런 글을 100건 이상 읽어본다면 학생에게 필요한 사항뿐만 아니라 성취도와 학습진전도를 파악하는 능력이 향상될 것이다. 궁극적으로, 공동형성평가는 피드백과 피드포워드의 적합한 시기를 확인하는 작업이라고 할 수 있다.

3장 요약 & 4장 미리보기

이번 장에서는 교사들이 수업을 하면서 동시에 학생들의 이해도를 파악할 수 있는 다양한 방법을 집중적으로 살펴보았다. 이해도 파악은 성적산출이나 책무성 평가에 활용하기 위한 총괄평가가 아니다. 이는 수업을 안내하는 형성적 도구이자 형성평가 시스템의 일부로서 피드백과 피드포워드로 이어진다. 이해도를 파악할 때 구두언어, 글쓰기, 프로젝트와 수행성과, 시험 그리고 공동형성평가를 활용하는 방안에 대해서도 살펴보았다. 이런 방식들은 고유의 강점이 있으며, 대다수 교사들은 수업시간마다 학생들이 무엇을 알고 있는지 측정하기 위해 다양한 기법을 사용한다.

다음 장에서는 피드백에 주목한다. 왜 피드백 자체만으로는 학생의 이해도와 성취도를 변화시킬 수 없는지, 그리고 피드백을 피드포워드 수업과 어떻게 연결시켜야 하는지 살펴볼 것이다. 특히 교정적 피드백(corrective feedback)을 중심으로 피드백의 유형별 분석을 시도할 것이다. 더불어 "피드백은 받는 사람 입장에서 시기적절하고 구체적이어야 하고, 이해할 수 있어야 하며, 스스로 조정할 수 있게(self-adjustment) 구성되어야 한다"(McTighe & O'Connor, 2005, p.13)는 견해를 비롯하여, 형성평가 시스템에 기여하기 위한 피드백의 필수적인 구성요소를 중점적으로 다룰 것이다.

THE
FORMATIVE
ASSESSMENT
ACTION
PLAN

피드백 :
얼마나 잘하고 있는가?

얼마 전까지 우리 학교(저자인 낸시와 더그가 근무하는 학교-옮긴이)에서
는 일부 방문객을 대상으로 오전에 여러 교실을 순회하며 대화를 나
누는 행사를 진행했다. 교실을 순회하는 동안 많은 학생이 함께하면
서 효과적인 교수학습법에 대한 여러 혜안을 제시했다. 매우 생산적
인 대화가 오가는 도중에 방문객 한 사람이 노트와 펜을 꺼내더니 한
여성과 대화를 나누던 남학생에게 그의 말을 녹음해도 괜찮은지 물었
다. 우리가 놀라는 표정을 지어 보이자 그녀는 스마트펜을 사용하면
토론 내용을 메모하면서 동시에 녹음까지 할 수 있다고 설명했다. 무
엇보다 놀라웠던 점은 나중에 펜을 노트에 터치하면 재생이 되고 필
기한 내용에 맞추어 어떤 말을 했는지 정확하게 들을 수 있다는 것이

었다.

이거야말로 낸시에게 꼭 필요한 도구였다. 며칠 후 낸시는 자기가 쓸 스마트펜을 마련했다. 스마트펜은 사용설명서가 동봉되어 있긴 했지만 설정이 어려웠다. 다행히 학교에는 똑똑한데다 인내심도 강한 교육공학 코디네이터, 알렉스가 있었다. 낸시는 알렉스를 찾아갔다. 알렉스는 업체 웹사이트에서 스마트펜의 작동방식을 알려주는 짧은 동영상 몇 개를 찾아냈다.

알렉스는 낸시에게 동영상을 보고 나서 컴퓨터와 스마트펜을 연동해보라고 했다(낸시를 위해 그냥 해줄 수도 있었지만, 방법을 터득하게끔 도와준다면 낸시가 기억했다가 앞으로 혼자서도 해결하리라 생각했던 것이다). 낸시가 컴퓨터에서 스마트펜 '찾기'에 실패하자 알렉스는 간접적으로 교정적 피드백을 제시했다.

"이 오류 메시지는 블루투스가 아직 활성화되지 않았다는 뜻입니다." 알렉스가 말했다.

낸시가 멍한 눈빛으로 알렉스를 바라보자, 알렉스는 문제를 해결하고 다음 단계로 가는 데 필요한 정보가 사용설명서에 들어 있다는 사실을 상기시켰다. 낸시는 문제가 생길 때마다 사용설명서와 동영상을 참고했다.

드디어 낸시가 스마트펜을 성공적으로 작동시키자 알렉스는 이렇게 말했다. "잘하셨어요! 누구나 이렇게 할 수 있는 게 아니에요. 불과 몇 달 전만 해도 선생님한테 굉장히 어려운 일이었을 텐데, 지금 보세요!"

낸시는 신이 나서 더그에게 그녀의 새 장난감이 어떻게 작동하는지 시연해 보였다. 그 후 알렉스는 낸시에게 몇 가지 고급기능을 시험해보라고 제안했다. 음성파일을 펜에서 컴퓨터로 전송한 다음 다시 그에게 보내는 것이었다. 이번에도 낸시는 자신이 없었지만 알렉스의 피드백이 있으면 해낼 수 있다고 확신했다. 알렉스는 몇 가지 사항을 설명하고 낸시에게 사용설명서를 보여주면서 필요한 단계를 가르쳐 주었다. 낸시가 보낸 음성파일을 들어본 알렉스는 파일이 제대로 전송되긴 했지만 잘 들리지 않는다고 말했다. 이 부분에서 낸시는 녹음할 때 볼륨 조절하는 방법을 새로 알게 됐다. 머지않아 더그도 스마트펜을 구입했고, 낸시가 자신의 오류를 바탕으로 적절한 팁을 알려준 덕분에 더그는 훨씬 빨리 기기 사용법을 익힐 수 있었다.

낸시가 스마트펜에 익숙해지는 데는 알렉스의 피드백이 무척 중요한 역할을 했다. 분명 설명서가 있긴 했지만 알렉스는 낸시의 학습을 지원하기 위해 업체가 제작한 자료를 활용했다. 기술을 배우는 학습자로서 낸시에 대한 피드백은 물론 교정적 피드백도 직간접적으로 제공했다.

교실에서의 학습도 이처럼 익숙하지 않은 물건의 작동법을 배우는 과정과 별반 다르지 않다. 학생들은 늘 그렇듯 무언가를 배우지만(낸시가 동영상과 설명서를 보고 '배웠던' 것처럼), 배운 것을 오래 기억하려면 더 많은 기회가 주어져야 한다. 낸시가 어려움을 겪을 때마다 알렉스는 학습과제를 재차 부여하는 대신에 유용한 피드백을 제공했다. 기기 자체에서도 표준적인 피드백을 제공했기 때문에 낸시는 스마트펜의 작동 여부를 바로 확인할 수 있었다.

형성평가 시스템에서 학생들은 성과와 수행에 대한 피드백을 받고 자신이 달성한 수준이나 성취도를 알게 된다. 그런데 첫 단계에서 유의할 사항이 있다. 확실한 이해를 끌어내기에 피드백만으로는 충분치 않다는 점이다. 어떤 학생들은 피드백에 전혀 영향을 받지 않으며, 일부는 방어적 태도를 보이기도 한다. 궁극적으로 피드백은 학습에 대한 책임을 학습자에게 되돌리는 것이다. 그러므로 반드시 학습자에게 유용해야 한다. 부적절한 피드백이나 (필요할 경우) 추가 지침이 없는 피드백은 학습자를 격려하기보다 낙담시킨다.

피드백이 '피드배드(Feedbad)'가 되는 경우

앞서 지적했듯이, 모든 피드백이 도움이 되는 것은 아니다. 일례를 보자. 어느 날 한 졸업생이 우리를 찾아왔다. 그는 대학에 입학해 수업을 등록했고 해당 클래스에서 몇 개의 보고서를 작성해야 했다. 첫 번째 논문을 웹 기반 파일 공유 서비스인 드롭박스(drop box)에 제출하고 다음과 같은 평가를 받았다고 한다. "기한 내 제출, 주어진 단어 수 충족, 대체로 APA 방식의 참고문헌 표기법을 따르지만 여전히 작은 실수가 보임. 질문에 답변은 잘했음."

그는 더 좋은 점수를 받으려면 무엇을 해야 하는지 알고 싶어 했다. 우리는 과제물이 어떤 기준으로 채점되는지 루브릭을 보여달라고 했지만 그런 것은 없었다. 보고서를 살펴본 후 우리는 APA 표기법에서 몇 가지 오류를 지적하고, 앞으로 참고문헌을 검토할 때 활용할 수 있도록 온라인 자료를 건네주었다. 보고서는 잘 읽히고 흥미로웠으며 질문에 대한 답도 잘했고 본인의 입장을 분명하게 밝힌 것 같았다. 더 도와주고 싶었지만 어떻게 손쓸 방법이 없었다. 그가 받은 피드백은 전혀 유용하지 않았고, 향후 과제를 성공적으로 해내는 데 크게 도움이 될 것 같지도 않았다.

수업의 다른 측면들과 마찬가지로, 피드백을 제공하는 일도 목적의식을 가지고 접근해야 한다. 피드백은 위의 사례처럼 단순한 평가가 아니라 학습자의 요구에 맞추는 것이 중요하다. 피드백에는 교정할 사항뿐만 아니라 격려의 말도 포함되어야 한다. 그리고 사회적·행동적 요소에 대한 피드백이 학업에 대한 피드백만큼 중요할 수도 있다.

피드백의 수준

피드백은 4가지 수준(과제, 처리과정, 자기조절, 개인적 특성)에서 이루어지며, 수준별로 피드백의 효과에 미치는 영향이 다르다. 어떤 유형의 피드백이든 가치가 있지만, 특정 맥락에서 피드백의 수준은 피드업 프로세스의 일부로서 수립된 목표들과 일치해야 한다.

과제에 대한 피드백

이 수준에서 학습자는 자신이 얼마나 과제수행을 잘하고 있는지에 대한 피드백을 받는다. 과제에 대한 피드백을 제시할 때 교사들은 대체로 정답과 오답을 확인하고, 추가 정보나 기타 정보를 요구하며, 특정 지식에 주목할 것을 제안한다. 이 수준의 피드백은 오개념의 수정이나 교정을 위한 목적으로 설계되기 때문에 흔히 교정적 피드백(corrective feedback)이라고 부른다.

로드 엘리스(Rod Ellis)는 교정적 피드백을 몇 가지 유형으로 구분한다(2009). 교사가 학생에게 정확한 정보를 제시하는 직접 피드백, 교사가 오류는 확인하지만 수정사항은 제공하지 않는 간접 피드백(오류의 위치를 알려주거나 알려주지 않을 수 있다), 그리고 학생이 바로잡을 수 있도록 오류에 대한 단서를 제공하는 메타언어적 피드백 등이다. 교정적 피드백은 교사들이 가장 많이 제시하는 피드백 유형으로(Airasian, 1997), 학생의 실수를 해결하고자 할 때 매우 유용하다. 그러나 학생들이 가진 정보가 부족한 상태에서는 이런 피드백이 효과가 없다. 부족한 정보를 피드백으로 채울 수는 없는 것이다. 이 경우, 학생들에게는 더 많은 설명과 지도가 필요하다. 교정적 피드백의 구체적 예시를 보자.

- "12번 문제를 정확하게 풀었구나."
- "이 문제는 틀렸으니까 지문의 세 번째 단락을 다시 읽어보렴."
- "이 두 가지 생각이 자연스럽게 이어지도록 연결어(접속부사-옮긴이)를 사용하면 좋겠다."
- "제대로 지적했어."

처리과정에 대한 피드백

이 수준의 피드백은 학생이 과제를 완수하기 위해 사용하는 프로세스
(process), 즉 처리과정에 주목한다. 학생들에게 어떤 과정이 필요한
지 알면, 교사는 학생들이 그 과정을 활용하도록 피드백과 스캐폴딩
(scaffolding)을 제공할 수 있다. 학습과정에 익숙해진 학생들은 새로
운 과제를 할 때 학습한 내용을 적용할 가능성이 높아진다. 학습과정
에 대한 학생들의 자기책임을 고무시키기 위해, 교사는 다음과 같은
피드백을 사용한다.

- "첫 항끼리 곱하기, 외항끼리 곱하기, 내항끼리 곱하기, 마지막 항
  끼리 곱하기, 이 순서대로 방정식을 풀었니?"
- "이 부분을 예측해보면 도움이 될 것 같구나, 그렇지?"
- "예측이 잘 맞아떨어지는구나."
- "이 글을 읽으면서, 네가 브레인스토밍에서 나왔던 서술적 단어
  들을 기억하고 있는지 의문이 들었단다."

자기조절에 대한 피드백

이 수준의 피드백은 학생들의 자기평가(self-appraisal) 또는 자기관리
(self-management)와 관련이 있다(Paris & Winograd, 1990). 학생들은
자신의 능력, 지식, 인지전략, 성취도를 평가하는 법을 배워야 한다. 그
런 다음, 확립된 목표를 향해 나아가는 동안 스스로 태도와 행동을 조

절해야 한다. 이 유형의 피드백은 다음과 같다.

- "모둠 구성원들이 이해하는 데 네가 정말 크게 기여한 것 같구나."
- "그렇게 머리를 숙이면 다른 구성원들이 말하는 내용에 집중하지 않는 것처럼 보인단다."
- "네가 이루고자 설정했던 목표를 달성한 것 같다, 그렇지?"
- "그래픽 오거나이저를 만든 것을 보니 다시 제자리를 찾았더구나. 그게 너에게 도움이 되었니?"

개인적 특성에 대한 피드백

이 수준의 피드백은 학생 개개인의 특성에 초점을 맞춘다. 이 유형의 피드백은 그 자체로는 효과가 없지만(e.g., Kluger & DeNisi, 1998), 학생들의 노력이나 관심, 참여 또는 유능감(자신감)에 변화를 주고자 할 때는 효과적일 수 있다. 많은 학생들이 "잘했어"나 "좋은 시도야" 같은 간단한 격려의 말을 좋아하지만, 이런 피드백이 실질적인 변화로 이어질 가능성은 낮다(Burnett, 2002). 그 이유는 이 같은 개략적인 피드백이 과제와 관련된 구체적 정보를 전혀 제공하지 않기 때문이다. 또 학생들은 자신에 대한 피드백을 평가할 때 각기 다른 렌즈를 사용한다. 학교에서 공부 잘하는 학생으로 보이길 바라는 학생들과, 학업적 성공에 크게 신경 쓰지 않는 학생들은 이런 유형의 피드백에 서로 다른 반응을 보인다(Klein, 2001).

개개인의 특성에 초점을 맞춘 이 같은 피드백이 학습에 부정적인 영향을 끼친다는 증거에도 불구하고, 종종 다른 유형의 피드백과 연계되어 쓰인다는 점은 안타까운 일이다. 칭찬을 없애야 한다는 얘기가 아니다. 오히려 칭찬은 과제의 완성을 위해 필요한 노력과 자기조절을 끌어내는 방향으로 활용되어야 한다. 학생들이 수행한 과제에 칭찬을 덧붙이는 피드백의 예를 보자.

- "오래도록 이걸 붙잡고 있는 모습을 보니 지구력이 대단하구나."
- "구성원들과 끊임없이 상호작용하면서 이 과제를 완수할 방법을 찾다니 정말 훌륭하구나."
- "우리가 논의했던 전략을 사용했고 그것이 실제로 효과가 있었다니 네 자신이 무척 자랑스럽겠구나."

지금까지 살펴본 피드백의 4가지 수준은 중요하게 고려할 사항이긴 하지만, 실제 피드백의 효과를 보장하기엔 충분하지 않다. 교사는 피드백의 수준을 고려하는 것과 더불어, 어떤 비교대상을 활용하여 피드백을 강화할지 고민해야 한다. 앞으로 살펴보겠지만, 비교대상에는 다양한 선택지가 있으며 제각기 강점과 약점을 가지고 있다.

비교대상

학생들에게 피드백을 제시할 때 고려해야 할 중요한 사항이지만 흔히 간과하는 부분이 바로 비교대상의 선택이다. 교사들은 학생의 성과를 검토할 때 반드시 이렇게 자문해야 한다. "이 산출물 또는 수행결과를 누구의 것과 비교할 것인가?"

다음에 살펴볼 글은 '인종이란 무엇이며, 왜 중요한가?'라는 주제로 우리엘이 작성한 에세이에서 발췌한 내용이다. 질문에 대한 답을 구하는 데 실마리를 제공하기 위해 우리엘의 선생님은 존 보인(John Boyne)의 『줄무늬 파자마를 입은 소년(The Boy in the Striped Pajamas)』을 수업시간에 큰소리로 읽어주었고, 학생들은 도서 추천 목록에서 참고할 책을 선택했다. 우리엘은 월터 딘 마이어스(Walter Dean Myers)의 『몬스터(Monster)』를 읽고 다음과 같은 내용으로 에세이를 마무리했다.

인종이란, 대체 인종이란 무슨 의미이며 어떤 존재란 말인가! 인종이 없담 세상이 어떻게 될까. 인종이 있는 게 나을까, 없는 게 나을까. 항상 내가 생각하는 것은 이거다…. 인종이 언제부터 중요하며, 심지어 왜 중요해졌느냐? 인종은 단어 하나가 우리를 문화, 종교, 심지어 피부색으로 갈라놓기 시작했지만 우리는 모두 똑같다. 우리 모두는 누구나 같은 방식으로 세상에 태어나 살아가고 있으면서, 왜 이 간단한 단어 하나가, 그렇게 중요하단 말인가. 이 간단한 단어가 나와 다른 사람들에게 아무런 영향을 주지 않으니. 당신도 그것에 영향 받지 말라.

이 글에 대한 당신의 맨 처음 반응은 무엇이었는가? 우리엘이 인종이라는 개념을 알고 있다고 느껴지는가? 우리엘이 어떤 주장을 하려는 건지 알겠는가? 문법적 오류가 보이는가?(우리엘은 영어 외의 언어를 모국어로 삼는 '영어학습자'다-옮긴이) 구두점을 활용하는 방식에 의문이 드는가? 이 모든 질문은 우리엘의 에세이에 대한 검토사항으로 적절하다. 하지만 핵심질문은 이렇다. 우리엘에게 어떤 피드백이 주어져야 하는가? 피드백의 양과 횟수는? 교사는 어떤 비교자료를 근거로 피드백을 제시해야 하는가?

준거참조

대부분의 피드백은 학년별 과제에 대한 기대수준을 포함하여 확립된 준거기준을 따른다. 이것은 학생들이 특정 성취수준에 도달할 거라고 기대한다는 의미에서 '준거참조(criterion-referenced, 절대평가-옮긴이)'라고 한다. 일반적으로 이러한 준거에는 분할점수(cut score)가 포함되는데, 분할점수란 기초학력 도달 여부를 판단하기 위한 점수를 의미한다. 평가체제가 다르면 분할점수도 다르게 설정된다. 대다수 단위학교 평가에서는 분할점수를 70퍼센트로 설정하고 여기에 해당하는 학생은 C학점을 받는다(일부 학교에서는 60퍼센트로 설정하고 D학점을 받은 학생도 통과시킨다). 학생들의 성과를 확립된 목적에 비추어 평가할 때는 이 준거를 기준으로 한다. 그리고 피드백은 기대되는 성취수준에 근거하여 제공되어야 한다. 앞의 사례에서 우리엘은 준거를 충족하지 못했으므로 에세이의 전반적인 재작성과 교정을 요구받고 불합격 등급을 받을 가능성이 크다.

규준참조

피드백을 제공할 때 준거참조가 폭넓게 쓰이긴 하지만, 학생의 성과를 평가하는 또 다른 방법이 있다. 학생들이 확립된 준거에 도달하지 않아도 된다는 게 아니라, 다른 비교대상을 참조할 수도 있다는 뜻이다.

피드백을 고려할 때 두 번째 방법은 다른 학생들을 비교대상으로 활용하는 것이다. 비교대상이 미리 정해져 있는 성취수준이 아니라 다른 학생들이기 때문에 '규준참조(norm-referenced, 상대평가-옮긴이)'라고 알려져 있다. 규준참조 비교는 동일 학급이나 학교, 학구의 다른 학생들과 특정 학생들을 비교한 뒤 상대적 성과 정보를 교사들에게 제공한다. 이로써 교사는 학생에게 제공된 지도(instruction)나 개입(intervention)에 학생 개개인이 어떻게 반응하는지 확인할 수 있다.

상업적으로 제공되는 많은 시험들이 규준참조 평가방식을 따른다. 이런 시험들을 통해 교사는 자신이 가르치는 학생들이 전국의 수많은 학생들과 비교해서 어느 정도 수준인지 확인할 수 있다. 규준참조 피드백과 관련해서 우려되는 점은 피드백의 결과가 학생들 사이에서 비교나 경쟁의 소재로 이용될 수 있다는 것이다. 하지만 이런 상황은 교사가 어떤 식으로 대처하느냐에 따라 충분히 막을 수 있다. 피드백을 전달할 때 "이건 데이비드가 너보다 잘했다" 또는 "3학년이 이렇게 하면 안 되지"와 같은 말을 해서는 절대 안 된다.

한편, 다른 학생들을 비교대상으로 설정할 때는 단순히 같은 학년이나 동일 수업을 듣는 학생들이 아니라 실질적인(true) 또래집단을 고려하는 것이 유용하다. 실질적인 또래란, 학습에 영향을 미치는 세부 요인을 분석한 학업성취 프로파일(achievement profile) 정보가 유사한 학생들을 말한다.

예를 들어, 영어학습자로서 초급단계에 해당하는 우리엘은 같은 단계에 있는 다른 영어학습자들과 비교하면 된다. 이렇게 '실질적인 또래집단'을 비교대상으로 설정하여 피드백을 제시할 경우, 교사는 우리엘의 글을 평가할 때 중급단계에 진입한 영어학습자들이 범하는 오류에 주목할 필요가 없다. 대신에 우리엘의 견해와 구두점 사용에 주목하여 피드백을 주어야 한다. 그렇게 놓고 보면 우리엘은 영어 능숙도에서 동일한 수준의 평가를 받은 대다수 또래들보다 글을 잘 쓴다고 볼 수 있다. 우리엘은 합격점수(C+이라고 하자)를 받을 수 있고, 그가 작성한 에세이에 대한 피드백은 준거참조를 기준으로 할 때보다 포괄적이지도 않고 정보의 양도 적겠지만 분명히 훨씬 더 정확할 것이다. 같은 반 또래들이 우리엘과 달리 구두점 사용에서 실수를 하지 않았다면, 우리엘은 교사가 표시해놓은 수많은 교정부호에 응답하는 대신 구두점에 집중하면 된다.

또래집단을 비교대상으로 활용하려는 시도는 기대수준과 관련이 있다. 교사는 우리엘의 성취도가 높은 수준에 도달하고 궁극적으로 이중언어(bilingual) 사용자의 일원이 되기를 바란다. 교사는 학생에 대한 기대치를 낮추지도, 지도를 느슨하게 하거나 개입을 줄이지도 않는다. 교사가 바꿔야 할 것은 우리엘의 학업성취에 대한 피드백이다.

학생 자신

세 번째 비교대상은 바로 학생 자신이다. 학생 각자가 스스로 성장과 발달을 관찰할 수 있도록 비교 대상의 기준을 학생 자신으로 삼을 때 교사는 더욱 세심한 관심을 쏟게 된다. 거듭 강조하지만, 학생에 대한 기대치를 낮추고 가르쳐야 한다는 말이 아니다. 학생 자신이 수행한 결과를 가지고 그에 대한 피드백을 해야 한다는 것이다.

우리엘의 경우 고등학교 입학 후 4개월 동안 매우 많은 진전을 보였다. 예전에 폭력집단 소속이었고 약물 중독자였던 우리엘이 지금껏 살면서 '처음부터 끝까지' 완독한 책은 『몬스터』가 처음이라고 한다. 우리엘의 중학교 평균학점은 0.59였으며, 앞의 인종에 관한 글이 처음으로 완성한 에세이였다. 비교를 위해 우리엘이 고등학교에 올라와 처음 작성한 에세이의 일부를 살펴보자. 우리엘은 '행복으로 가는 길을 돈으로 살 수 있는가?'라는 질문에 이렇게 답했다.

> 당시는 행보그로 가는 길을 살 수 있는가? 어떤 경우에는 돈으로 행보글 살 수 있지만 그거슨 당시니 무엇을 돈을 쓰느냐가 아니라 당시니 어떻게 쓰느냐에 달려있다. 당시니 행보글 살 수 있으려면 현명해야 한다.

이 첫 에세이와 비교해보면, 인종에 관해 쓴 글은 우리엘이 상당한 진전을 이루었음을 보여준다. 생각의 표현이 훨씬 분명해졌고 어휘도 철자법에 맞게 자유자재로 구사하게 되었다. 이런 점을 감안할 때 우리엘은 어떤 점수를 받아야 하는가? 더 중요한 것은, 과연 교사는 어떤 피드백을 제시해야 하는가? 우리엘의 지난 성과를 비교기준으로 삼아 인종에 관한 에세이에 피드백을 한다면 이런 내용이 되지 않을까. "요점이 분명하고 너의 신념을 명확하게 밝혔구나. 여러 가지 자료를 활용했는데 인용하는 방법에 주의하도록 하자. 네 생각도 잘 요약했다. 우리 함께 구두점과 접속사 사용법에 대해 좀 더 공부해볼까?" 여기서 중요한 점은 우리엘이 학업성취에 대한 기대를 높게 가져야 한다는 것과, 그가 그러한 수준에 도달할 수 있도록 지도가 이루어져야 한다는 것이다.

피드백을 제공할 때 교사는 어떤 비교대상을 어떤 이유에서 활용하고자 하는지 정해야 한다. 그때 비로소 피드백 과정을 시작할 준비가 끝난다. 만일 교사들이 비교의 근거를 명확하게 밝히지 않으면 학생들은 피드백을 이해할 수도, 활용할 수도 없다.

좋은 피드백의 기준

비교대상과 관계없이 학생들에게 피드백을 제공할 때 반드시 고려해야 할 구체적 기준이 있다. 그랜트 위긴스(Grant Wiggins)는 "피드백은 시기적절하고, 구체적이며, 이해할 수 있고, 실행 가능해야 한다"(1998)고 주장했다. 우리는 이 4가지 기준이 피드백에서 가장 중요하다고 생각한다.

적시성

피드백은 빨리 전달될수록 좋다. 피드백은 학생의 수행과 맞추어 최대한 가까운 시기에 제시될수록 효과적이다(Bangert-Downs, Kulik, & Morgan, 1991). 수잔 브룩하트(Susan Brookhart)가 지적한 대로, "피드백은 학생들이 수업의 주제나 과제물 또는 주어진 문제에 대한 수행 결과에 신경 쓰는 동안에 제시되어야 한다"(2008, p.10). 이는 동기부여 및 연관성과 관련된 문제다. 학생들이 학습목적이나 목표에 여전히 주목하고 있다면 목표를 달성하기 위해 향후 받게 될 피드백에 기꺼이 마음을 열 가능성이 높다. 하지만 "대체 언제 주는 거야?"라고 혼잣말을 하는 학생이라면, 아마도 피드백 결과지를 대충 넘기다가 평가 코멘트나 성적만 찾아보고 학습에 도움이 되는 정보는 살피지 않을 것이다. 또 어떤 학생이 이전 과제에 대한 피드백이 전혀 없는 상태에서 비슷한 과제를 추가로 제출한다면 그는 개선의 기회를 놓친 것이나 다름없다. 더욱 중요한 사실은, 학생들이 좌절감을 느끼게 되고, 가르치는 교사의 헌신이나 과제의 중요성에 의문을 품게 된다는 것이다.

　여기에 해당하는 사례로, 낸시(이 책의 공저자 낸시 프레이-옮긴이)가 아직도 기억하는 대학시절 수업이 하나 있다. 당시 낸시는 학생 지도에 대해 성찰한 내용을 저널로 작성하여 매주 제출해야 했다. 저널 쓰기가 즐거웠던 낸시는 담당교수의 평가가 기대됐다. 2주차 저널의 제출 마감일이 임박했는데도 1주차 저널에 대해 아무런 코멘트가 없었지만 그다지 걱정하지 않았다. 낸시는 2주차 저널을 완성해서 제출했다. 3주차 저널의 제출 마감일이 도래하고 어떤 평가도 받지 못한 채 검토시간마저 지나가자 낸시는 신경이 좀 쓰였다. 그녀는 스스로에게 물었다. "내가 제대로 하고 있는 건가? 이 과제가 중요하긴 한 걸까? 이거 하나 때문에 이렇게 많은 시간을 할애해야 하나?" 낸시는 해당 학기 4주차에 드디어 피드백을 받았고, 담당교수가 원했던 구성요소를 전부 넣지 않았다는 사실을 알게 되었다. 이런 피드백이 낸시는 하나도 기쁘지 않았다. 잘못 작성한 결과물을 이미 세 차례나 제출했고, 그 일에 대해 그녀가 대응할 방법은 전혀 없었다.

구체성

학생들이 지금까지 무엇을 잘했고 앞으로 무엇에 집중해야 하는지 정확히 이해할 때 자신의 행동을 조정하여 성취도를 끌어올릴 가능성이 크다. 피드백이 포괄적이거나 기계적이며 피상적이면, 학생들은 피드백을 가지고 무엇을 해야 할지 알지 못한다. 심지어 노력과 결과의 관계를 이해하지 못할 수도 있다. 피드백이 구체적일 때 학생은 무엇을 잘했고 어디에 초점을 맞춰야 하는지 이해할 수 있다.

등급과 점수는 피드백이 아니다. 10점 만점에 8점을 받았다고 알려준다고 해서 무엇을 잘했는지, 앞으로 무엇을 배워야 하는지 알 수는 없다. "더하기를 할 때 매번 받아올림을 안 하더라"라고 말하는 것이 훨씬 더 명확하며, 학생의 주의를 환기시켜 실행력을 끌어올린다. 만일 수업시간에 덧셈을 할 때는 받아올림을 해야 한다고 배운 학생이라면, 앞의 피드백으로 수행과 성취도가 달라질 수 있다. 물론 받아

올림 기술을 배운 적이 없거나 아예 이해하지 못하는 학생은 아무리 구체적인 피드백을 주어도 효과가 없다. 이 경우에는 피드포워드가 필요하다. 피드포워드에 대해서는 다음 장에서 살펴볼 것이다.

구체적인 피드백이 학습에 얼마나 도움이 되는지 보여주는 사례가 하나 있다. 더그(이 책의 공저자인 더글러스 피셔-옮긴이)가 수영 강습을 받을 때 코치는 더그의 손이 어떻게 물속에 들어가는지 구체적으로 피드백을 제공했다. 코치는 양손이 물속에 들어가는 모습을 시범보인 다음, 더그가 했던 손동작을 그대로 시연하면서 손을 구부리거나 오므리면 안 된다고 설명했다. 그 후 몇 번의 연습이 진행되는 동안 코치는 더그의 수영을 지켜보면서 동일한 피드백을 지속적으로 제공했다. 어느 순간 코치는 이렇게 말했다. "세 번째 스트로크를 할 때 손이 완벽하게 들어갔어요. 느껴지던가요? 그게 정확한 각도예요. 물살이 갈라지는 게 보였거든요." 바로 그거였다. 더그는 그 느낌을 알았고 정확한 동작을 몇 번이고 다시 해보고 싶은 마음이 들었다.

구체적인 피드백의 중요성은 학생의 자세를 코치하는 상황에만 국한되지 않는다. 일례로, 보닌(Bonine) 선생님의 생물수업을 듣는 학생들은 매주 개별과제를 완성한다. 과제의 내용은 일주일 동안 배운 주제를 요약해서 창의적으로 표현하는 것이다. 러셀이라는 학생이 세포의 구조와 기능에 관한 과제물을 제출했을 때 선생님은 다음과 같이 피드백을 했다. "네가 그린 그림에 세포의 구조와 명칭이 명확히 적혀 있더구나. 그런데 세포막이 세포 중앙을 통과하고 있어서 좀 아쉬웠어. 더 잘 표현할 수 있는 방법을 고민해보자." 러셀은 자신이 무엇을 잘했고 어디서 실수했는지 곧바로 알아들었다. 이렇게 구체적인 피드백은 그 후 세포구조 다이어그램을 포함하여 러셀의 최종시험 성적에도 영향을 끼쳤다.

이해 가능성

학생이 이해할 수 없는 피드백은 아무런 도움이 되지 않는다. 교사로부터 전혀 알아들을 수 없는 말로 피드백을 받았다고 상상해보자. 결과가 그다지 좋지 않을 것이다. 불행히도 많은 학생들이 경험하는 피드백이 바로 이런 모습이다. "생태도(spiritual ecomaps, 가족들의 사회적 관계망-옮긴이)에 신경 쓰기보다 가계도(genograms)에 치중할 것." 가족체계에 관한 어느 학생의 발표를 보고 교사가 제시한 피드백이다. 학생은 이런 용어를 수업시간에 배운 적도 없고, 적어도 발표하는 순간까지 그 의미를 몰랐다. 결과적으로 교사의 피드백은 학생의 학습 향상에 어떤 도움도 되지 않았다. 제이 맥타이(Jay McTighe)와 켄 오코너(Ken O'Connor)는 피드백의 이러한 측면을 판단하는 기준을 제시했다. "주어진 피드백을 통해 학습자가 그동안 잘한 것과 앞으로 개선해야 할 것을 구체적으로 말할 수 있는가?"(2005, p.12) 만일 그렇지 않다면, 교사가 시간을 들여 피드백을 제공했더라도 학생은 배우려 하지 않을 것이다.

　교사와 학생들이 루브릭을 함께 개발하거나, 학생들이 과제에 착수하기 전에 교사가 루브릭의 질적 지표에 역점을 두면, 루브릭은 피드백을 확실하게 이해 가능한 것으로 만들어줄 좋은 방법이 된다. 일례로 학생들이 〈표 4.1〉의 연설 루브릭을 가지고 유튜브에서 찾은 연설을 포함해 몇몇 전문 연설가들을 평가해보았다. 담당교사는 루브릭의 각 항목을 살펴보고 학생들과 논의하면서 개별 지표에 대한 자신의 생각을 시범보였다. 그런 다음 교사 자신이 발표를 하고, 학생들이 직접 평가해볼 수 있게 했다. 그 결과 실제 발표시간이 다가왔을 때, 학생들은 어떻게 하면 높은 점수를 받을 수 있고, 어떤 점을 충족시켜야 하는지 확실히 알게 되었다. 발표를 마친 후 교사로부터 피드백을 받았을 때도 자신이 무엇을 잘했고 어느 부분을 개선해야 하는지 쉽게 이해했다.

표 4.1 말하기와 발표 평가 루브릭

	노력이 많이 필요함 (0-6점)	개선이 필요함 (7-8점)	우수함 (9-10점)	점수/ 총평
구성 (10점)	무엇을 전달하는지 알 수 없고 정확히 진술되지 않음. 도입부가 없음. 논지를 파악하기 어려움. 연결어(접속부사)의 사용이 요구됨. 결론이 없거나 발표를 확실하게 마무리 짓지 못함. 도입부에서 말한 내용과 결론이 연결되지 않음. 정보가 뒤죽박죽이라 청중이 발표내용을 이해할 수 없음.	정보의 순서가 명확하지 않아 발표내용을 청중이 이해하기 곤란함. 발표자의 생각은 알겠지만, 진술이 명확하지 않고 전개가 자연스럽지 못함. 도입부가 제대로 소개되지 않음. 연결어(접속부사)의 사용이 어색함. 주장을 뒷받침하는 자료가 부족함. 결론 부분에서 좀 더 세밀한 전개가 요구됨.	의도한 결론에 도달하기 위해 발표자의 생각이 잘 구성되어 있고, 명확하게 진술되었으며, 핵심주장을 뒷받침하고 있음. 즉, 발표의 목적이 명확함. 도입부에서 청중의 관심을 주목시키고, 연결어(접속부사)를 사용하여 청중이 발표내용에 기대감을 갖게 함. 논지가 명확하고 효과적으로 구성되어 있음. 결론이 충분히 납득되며 도입부의 내용과 자연스럽게 연결됨.	

	노력이 많이 필요함 (0-6점)	개선이 필요함 (7-8점)	우수함 (9-10점)	점수/ 총평
주제에 관한 지식 (10점)	발표자가 발표내용을 제대로 파악하지 못하고 있으며 주제와 관련된 질문에 답하지 못함. 주장을 뒷받침하기 위해 사용된 자료들이 부정확하고, 개괄적이며, 부적합함. 참고노트에 대한 의존도가 높아 보임.	발표자가 발표내용을 부분적으로 파악하고 있음. 뒷받침하는 자료들이 참신하지 못함. 모든 질문에 당황하지 않고 답변하지만, 내용이 정교하지 못함. 참고노트에 대한 의존도가 높아 보임.	발표자가 발표내용을 명확하게 파악하고 있음. 주장을 뒷받침하는 자료들이 참신하고, 논리적이며, 관련성이 있음. 학생들의 질문에 상세한 설명으로 대답함으로써 발표 주제를 (요구되는 것 이상으로) 완벽하게 숙지하고 있음을 보여줌. 발표내용을 요약한 노트나 메모는 참조용으로만 사용함.	
청중 이해도 (10점)	발표자가 청중의 관심을 전혀 끌어내지 못함. 청중의 언어적·비언어적 피드백에 주목하지 않고 허둥댐. 선택한 주제가 청중의 요구와 관심사에 부합하지 않음.	발표자가 대부분의 시간 동안 청중의 관심을 끌어냄. 개념의 해명을 요구하는 피드백에 자신의 생각을 명료화하거나 다시 진술하고자 노력함. 전반적으로, 언어적·비언어적 행동을 통해 청중을 의식하는 태도가 드러남. 선택한 주제와 사례가 청중, 상황, 배경에 어느 정도 부합함.	발표자가 청중의 관심을 효과적으로 끌어냄. 청중의 언어적·비언어적 피드백을 고려하여 필요에 따라 자료를 변경하거나 좀 더 구체적인 설명을 제공함. 청중의 관심을 지속적으로 끌어내기 위해 비언어적 행동을 활용함. 필요에 따라 전달방식을 수정함. 선택한 주제와 사례가 청중과 상황에 적절하고 흥미로움.	

	노력이 많이 필요함 (0-6점)	개선이 필요함 (7-8점)	우수함 (9-10점)	점수/ 총평
언어적 효과 ｜ 언어 사용 (10점)	어휘 선택이 제한적이며, 속어나 은어가 빈번하고, 너무 복잡하거나 심하게 어눌함. 특정 청중, 상황, 배경을 고려할 때 사용된 어휘들이 불분명하고 부적절함. 편향적이거나 불명확한 표현이 일부 있음.	사용된 어휘가 대체로 정중하고 거슬리지 않음. 표현은 적절하지만 어휘 선택이 모호하고 특별히 생동감이 느껴지지도 않음. 문법과 발음에 몇 가지 오류가 보임.	사용된 어휘가 청중에게 친숙하고, 배경을 고려하였으며, 편향되지 않았음. 필요에 따라 발표자가 '코드 스위칭(code-switching)', 즉 말하는 도중에 언어나 말투를 바꿀 수 있음. 어휘 선택이 생동감 있고 정확함. 발표내용에 오류가 거의 없음.	
비언어적 효과 ｜ 전달력 (10점)	발표내용에 집중을 할 수 없을 정도로 전달력이 부족함. 눈 맞춤이 거의 없이 바닥만 응시하고, 중얼거리거나 알아들을 수 없게 말함. 안절부절 못하며 거의 읽는 수준에 그침. 몸짓과 움직임이 자연스럽지 않고 과도함. 메시지의 전달이 불안정함. "음~"과 같은 비유창성 표현을 과도하게 사용함. 말소리나 발음이 명료하지 않음. 침착하지 못하고 주의가 산만함. 청중들이 발표내용을 듣기 곤란함.	전반적으로 전달력이 우수해 보임. 단, 목소리 크기와 눈 맞춤, 발성이 부적절한 경우가 있음. 어조, 얼굴 표정, 차림새, 그리고 다른 비언어적 표현들이 발표내용에 크게 방해되지 않음. 전달방식과 억양, 복장 선택이 청중이나 상황에 어울리지 않거나 결례를 범하는 것으로 보이지 않음. 몇 가지 비유창성 표현이 관찰됨. 청중 대부분이 발표내용을 잘 들을 수 있음.	전달력이 몸에 밴 것처럼 자연스럽고, 자신감 넘치며, 메시지를 강화함. 자세, 눈 맞춤, 자연스러운 몸짓, 얼굴 표정, 목소리 크기, 말의 속도 등이 발표자의 자신감과 주제에 대한 몰입, 청중과의 커뮤니케이션에 대한 의지를 나타냄. 어조, 전달 방식, 차림새가 발표내용과 어울림. 비유창성 표현의 제한적 사용이 관찰됨. 모든 청중이 발표내용을 잘 들을 수 있음.	

출처: 에듀케이션 노스웨스트(Education Northwest). 승인을 받아 수정

실행 가능성

학습자가 제공받은 정보를 이용해 실제 자신의 행동을 바꿀 때 피드백은 의미가 있다. 즉 학생들은 주어진 피드백을 바탕으로 자기조정(검토, 수정, 연습, 개선, 재시도)을 할 수 있어야 한다. 이번 장의 나머지 부분에서 자기조정(self-adjustment)이 가능한 피드백의 유형을 살펴볼 것이다. 이때의 전제조건은 피드포워드와 일치한다. 학생들이 자기조정을 실행할 때는 교사의 추가적인 지시가 필요하기 때문이다.

왜 그런지 앤드류의 경험을 통해 확인해보자. 앤드류는 사회과목 교사에게 시험결과와 함께 정답을 찾는 데 필요한 정보를 전해 받았다. 교사는 추가적으로 다음과 같은 피드백을 제시했다. "왕권신수설의 개념을 복습하고, 찰스 1세와 2세의 삶을 다시 살펴봐야 할 것 같다. **왕정복고**라는 단어와 군주국이 왕정을 복고하려면 어떤 권력을 가져야 하는지 생각해볼 것." 앤드류는 자신의 답이 틀렸다는 얘기는 듣지 못했다. 그렇다고 정답을 들은 것도 아니다. 대신에 학습내용의 이해를 심화하는 데 도움이 될 몇 가지 구체적인 정보를 알게 되었다.

시험 환경에 관한 연구(Bangert-Downs et al., 1991)에서 밝혀졌듯이, 피드백의 실행 가능성 여부에 따라 학생들이 피드백을 받아들이는 태도와 내용에 미치는 효과가 달라진다. 교사가 학생들에게 단순히 답이 맞았는지 틀렸는지 전달했을 때는 미미한(그러나 부정적인) 효과가 나타났다. 반면에 정답을 알려주었을 때는 어느 정도(그러나 긍정적인) 효과가 나타났다. 마지막으로, 학생들의 답변 내용이 왜 맞는지 혹은 틀린지 그 이유를 설명한 경우에는 상당히 긍정적인 효과가 나타났다. 앤드류의 담당교사는 학생 스스로 해결할 수 있도록 잘못 답변한 내용에 대한 설명과 정보를 피드백으로 제시한 것이다.

피드백의 형태

피드백은 다양한 형태로 제시할 수 있다. 첫째, 교사가 구두 피드백을 제공한다. 둘째, 교사가 서면 피드백을 제공한다. 셋째, 학생들이 배운 내용을 가지고 서로에게 피드백을 제공한다. 구체적으로 살펴보자.

구두 피드백

먼저, 구두 전달 방식으로 피드백을 제공하는 방법이 있다. 앞서 말한 대로, 피드백은 타이밍이 적절해야 하며 실행 가능해야 한다. 그 외에도 구두 피드백(oral feedback)을 전달하는 장소, 구조, 어조가 학습자에게 긍정적인 결과를 가져다줄 수 있어야 한다. 그래야 교사와 대화가 끝났을 때 학습자는 다음 단계로 향하는 적절한 계획이 무엇인지 파악할 수 있다.

　학생의 입장이 되어 피드백을 받았던 경험을 떠올려보자. 교사들은 대부분 수업코치(instructional coach, 동료교사들의 수업을 관찰하여 교사로서의 자질 함양과 수업 전문성 신장을 지원하는 교사-옮긴이)로부터 정기적으로 수업참관을 받는다. 이런 상호작용을 더 유용하게, 혹은 덜 유용하게 만드는 요인은 무엇인가? 아마도 당신은 동료들로부터 떨어진 조용한 장소에서 피드백을 받는 걸 선호할 것이다. 평가 형식보다 무엇이 성공적이었고 무엇이 그렇지 못한지를 반영하는 구조를 선호할 것이다. 그리고 퉁명스럽고 딱딱한 말투보다 개인적인 배려와 따뜻함이 느껴지는 어조를 선호할 것이다. 교사인 당신에게 구두 피드백의 이런 질적 측면이 중요한 것처럼, 나이에 상관없이 학생들도 마찬가지라는 사실을 명심하자.

적합한 장소를 선택하라 장소에 따라 이어지는 대화의 분위기가 결정된다. 가능하면 교실 내에서 다른 학생들과 물리적으로 떨어진 장소를 선택하라. 그러면 학생들은 교사가 말하는 내용에 집중할 수 있고, 교사는 어떤 어조로 전달할 것인지 결정할 수 있다. 간단하게 지시하는 피드백의 경우, 목소리를 낮추고 학생에게 가까이 다가가서 전달한다. 그러면 학생은 피드백을 정확하게 듣고 처리할 수 있다.

내용을 구조화하라 효과적인 피드백이 되려면 내용이 구체적이어야 하며, 무엇이 맞고 무엇이 틀린지 학습자에게 알릴 수 있어야 한다. 제프 즈비어스(Jeff Zwiers)는 학업 피드백의 구조를 다음 세 부분으로 설명했다(2008).

- 학생의 수행결과에 대한 기술 ("이렇게 보고서를 제출하다니 고맙구나. 개구리의 성장과정을 정확하게 묘사했고 각 단계의 명칭도 순서대로 잘 적었더구나.")
- 유지해야 할 것과 바꿔야 할 것에 관한 지침 ("각 단계의 철자를 확인해

보렴. 그중 두 개는 철자가 틀렸단다. 교과서에서 확인해보겠니? 부탁한다.")

- 지속적인 노력을 위한 격려 ("머지않아 개구리의 성장과정을 정말 생생하게 표현하겠구나. 그러면 누구나 쉽게 이해할 수 있을 거야. 앞으로 네가 할 일에 대해 기대하고 있을게.")

이 구조라면 문장 몇 개를 전달하는 데 몇 분 걸리지 않지만 결과는 비슷하다. 즉, 교사와 대화가 끝났을 때 학습자는 자신이 현재 어디쯤 있는지, 다음에 무엇을 해야 하는지 깨달음을 얻을 수 있다. 그리고 자신이 과제를 성공적으로 완수할 거라는 확신을 가질 수 있다.

격려의 어조를 사용하라 비꼬거나 낯선 말투를 사용하면 메시지가 제대로 전달되지 않는다. 지능에 관해 성장관점(growth mindset)을 강조하는 것이 중요하며, 고정관점(fixed mindset)을 강화할 경우 학생들이 쉽게 포기해버린다는(Dweck, 2007) 2장의 내용을 기억할 것이다. 학습은 고된 일이며, 학습자의 끈기가 학업의 성패를 좌우할 수 있다. 격려할 때의 얼굴 표정, 눈 맞춤, 억양 등이 학생의 노력에 대한 교사의 확신을 전달한다. 냉담한 표정으로 시선을 회피하고 곁눈질과 꾸짖는 말투로 이것저것 많은 내용을 전달하는 피드백은 내용이 얼마나 효과적으로 구성되었는가와 상관없이 메시지 자체를 무시하게 만든다.

태도는 메시지의 분위기에도 영향을 미친다. "부탁한다"와 "고맙다"는 식의 간단한 전략적 표현만으로도 듣는 사람이 메시지를 더 잘 수용하게 만들 수 있다. 뿐만 아니라, 선택의 여지를 열어두는 것은 학생들에게 권한을 부여하고 학습과정에서 적극적인 역할을 수행하게 한다. 여기서 말하는 선택이란 지금까지 이따금 들었던 가짜 선택(예: "이 문제를 바로잡지 않으면 이번 과제는 낙제점을 받을 거야. 네가 선택해.")이 아니라 진짜 선택을 의미한다. 진짜 선택을 제시하면 성취 가능한 것에 대한 학생 개개인의 시각이 확대된다. 다음의 대화를 살펴보자.

교사   이 수학문제의 풀이과정을 정말 잘 설명했다. 명확해. 한 단계씩 차근차근 풀이한 네 논리를 잘 따라갈 수 있었어.

학생   감사합니다. 제대로 한 건지 확신이 안 섰어요.

교사   발상이 좋았어. 사실 수학은 풀이방법이 한 가지 이상 존재하는 경우가 흔하단다. 네가 생각한 방법은 아주 흥미로웠어. 교사로서 참 뿌듯하구나. 자, 내가 두 가지 방법을 제안할게. 다음 문제를 어떻게 풀지 생각해보렴. 이 주관식 문제에 답하는 방법 중 하나는 문제가 의미하는 바를 그림으로 표현하는 거야. 나머지 하나는 수학적 기호를 사용하는 방법이지. 둘 다 맞지만 너의 수학적 사고를 알고 싶어서 그래.

학생   그럼 문제를 풀 때 두 가지 방법 중에서 아무거나 사용해도 된다는 거죠?

교사   그렇고말고! 신호를 주면 다시 올 테니까 그때 너의 논리를 설명해주면 돼.

이 대화를 나누는 데 고작 2분밖에 걸리지 않았지만, 수학적 측면에서 그리고 대인관계 측면에서 상당한 양의 정보가 교환되었다. 게다가 학생은 교사가 자신을 지지할 것이라는 사실을 알고 안도감을 느꼈을 뿐만 아니라 자신의 생각에 더욱 자신감을 갖게 되었다.

공식적으로 협의하라 많은 교사들이 좀 더 공식적인 피드백을 제공하기 위해 학생들과 협의하는 방식을 사용한다. 이런 개별 대화에는 5분 이상 소요되는데, 학생들의 현재 성과를 확인하고 학년 초부터 지금까지의 학업 진전도를 파악하는 것이 목적이다. 협의하기(conferring)는 초등학교의 읽기/언어 수업에서 일반적으로 사용되는 기법이긴 하지만 어느 학년, 어느 수업에서든 활용할 수 있다. 이런 기법이 초등학교에서 인기를 끄는 한 가지 이유는 토론식 대화법에 아직 능숙하지 못한 어린이들과 형식을 갖추어 학문적 토론을 나눌 수 있기 때문이다.

협의하기는 보통 단일 과제가 아닌 연속적인 다수의 과제에 중점을 둔다. 교사는 학생들에게 성과물 포트폴리오를 꾸준히 작성하게 하거나, 모든 결과물을 파일이나 바인더에 꽂아서 보관하도록 안내한다. 협의의 첫 단계에서 학습자는 시간의 경과에 따라 비교할 항목을 2~3개 선택한다(어린 학생들의 경우 이 과정을 사전에 실시해도 된다). 읽고 쓰기 활동에서 학생들과 협의하면서 피드백을 제공하는 절차를 다음과 같이 설명하는 학자들도 있다(Fountas & Pinnell, 2001).

- 학생이 소리 내어 읽는 것(책 또는 작성한 내용)을 듣는다.
- 학생이 읽고 쓴 내용의 구체적인 사항에 관해 이야기를 나눈다.

- 학생이 읽고 쓴 내용에서 강점이 되는 부분을 찾아보고 함께 토론한다.
- 쓰기노트 또는 독서일지를 검토한다.
- 읽고 쓰기 활동의 새로운 목표를 설정한다.

발렌타인(Valentine) 선생님의 사례를 보자. 선생님은 정기적으로 유치원 학생들과 만나서 문해력 활동과 그동안의 성장에 관해 이야기를 나눈다. 학년 초에는 토론과제를 선생님이 모두 정했다. 하지만 점점 능숙해지면서 아이들이 직접 고르기 시작했다. 선생님은 교실 한쪽에 '쉿! 생각하는 중이에요'라는 표지판을 걸어놓고, 의자 두 개와 작은 테이블이 마련된 공간으로 셀레스트를 불렀다. 셀레스트는 선생님에게 보여줄 독서일지를 들고 왔다.

선생님　와, 고마워! [목록을 읽는다] 벌써 이번 달에 읽은 책이 지난달보다 많네. 어떻게 이럴 수 있지?

셀레스트　제 자신을 이기고 싶었어요. 게임하는 것처럼요.

선생님　지난달에 네가 직접 정한 목표를 보니, "2월에는 10권을 읽겠습니다"라고 되어 있구나.

셀레스트　12권 읽었어요!

선생님　맞아! 어떤 책이 가장 재미있었을까, 그리고 이유는 뭐지?

몇 분 동안 발렌타인 선생님과 셀레스트는 읽은 책들의 각각의 강점을 비교하며 논의했다. 선생님이 가장 안 좋았던 내용이 무엇이었는지 묻자 셀레스트는 잠시 웅얼거리더니 더 이상 말하지 않았다.

> **선생님** 뭔가 문제가 생긴 것 같구나. 기억해내기 어렵니?
>
> **셀레스트** 네.
>
> **선생님** 기억하는 것, 그게 바로 독서에서 가장 어려우면서도 중요한 부분이야. 가끔은 독서목록에 얼른 추가하고 싶어서 책을 휘리릭, 대충 훑어볼 때도 있지. 이제 새로운 목표는 뭐가 될 것 같니?
>
> **셀레스트** 기억하기. 그리고 천천히 읽기요.
>
> **선생님** 맞아! 그럼 시작해볼까?

1~2분 후 두 사람은 다음과 같이 새로운 목표를 세웠다. '책에서 내가 좋았던 내용과 싫었던 내용을 말할 수 있을 만큼 천천히 읽기.' 발렌타인 선생님은 셀레스트에게 이야기를 나눠줘서 고맙다는 인사를 전했고, 셀레스트는 선생님과 협의하면서 제공받은 피드백을 바탕으로 새로 수립한 목표를 가지고 자리를 떠났다.

서면 피드백

구두 피드백은 서면 피드백(written feedback)과 달리 즉각적이다. 또 피드백과 함께 비언어적 행동을 수반하는 만큼 학생과의 의사소통을 강화할 수 있다. 그러나 교사 입장에선 시간이 충분하지 않기 때문에 구두 피드백에만 의지할 수는 없다. 학생들의 성과물이 대부분 글로 작성되기 때문에 당장 그 자리에서 검토할 수 없는 경우도 많다.

구두 피드백과 마찬가지로 서면 피드백 역시 격려의 어조를 사용해야 하며, 실행 가능해야 한다. 누구나 처음부터 끝까지 채점한 표시들로 꽉 찬 시험지를 받아본 기억이 있을 것이다. 지나치게 체크 사항이 많으면 학습자는 그 양에 압도되어 실제 평가와 상관없이 부정적으로 받아들일 수 있다. 일부 학구에서는 잉크의 색깔에 따라 성과가 달라진다는 항간의 속설에 따라 빨간색 펜의 사용을 금지했다. 하지만 채점은 그냥 채점일 뿐이다. 역으로, 피드백이 충분치 않으면 학습자가 실수를 했어도 하지 않았다고 믿거나 교사가 피드백을 수박 겉핥기식으로 대충했다고 여길 수 있다. 이런 문제를 해결하는 간단한 방법은 한 장이든 두 장이든 포스트잇 같은 접착식 메모지에 코멘트를 적는 것이다. 이렇게 하면 시험지에 바로 쓰는 피드백에 비해 존중을 담아 결과를 전달할 수 있고, 학생은 피드백을 마음에 새길 수 있다. 과제물의 내용이 긴 경우, 세 가지 색상을 사용하여 의견을 남기는 것도 방법이다. 첫 번째 색상은 전체적으로 요약하기 위한 용도로, 두 번째 색상은 강점을 적는 용도로, 세 번째 색상은 다음 단계를 제시하는 용도로 사용한다. 이 방법은 전자문서에도 활용 가능하다. MS문서의 '변경내용 추적(track changes)' 기능을 이용하면 표시해놓은 코멘트를 참고하여 학습자가 쉽게 정리할 수 있다.

피드백에는 교수학습에 대한 교사의 신념이 나타나야 한다. 솔직히 말해서, 규칙(대문자, 구두점, 들여쓰기 등)에서 벗어난 오류를 채점하는 것이 내용에 대한 피드백보다 쉽다. 실제로 단어와 문장 수준에서의 교정이 내용 교정보다 훨씬 자주 일어난다. 이시 리(Icy Lee)는 교수학습에 대한 교사의 핵심 신념과 서면 피드백의 10가지 차이점을 다음과 같이 설명했다.

1. 교사들은 정확성이 훌륭한 글쓰기의 전부는 아니라고 믿으면서 실제로는 언어의 형식에 신경을 많이 쓴다.

2. 교사들은 오류사항의 선별적 표시를 선호하지만 실제로는 모든 오류를 철저하게 표시한다.

3. 교사들은 피드백을 통해 학생들이 스스로 오류를 찾고 바로잡는 법을 알아야 한다고 믿지만 실제로는 그들 자신이 학생들을 위해 오류를 찾아서 바로잡고자 한다.

4. 교사들은 부호를 해독하는 학생들의 능력이 부족하다고 생각하면서 실제로는 부호를 사용한다.

5. 교사들은 등급과 점수를 매기면 피드백에 대한 관심이 줄어든다고 믿으면서도 실제로는 학생이 작성한 글에 등급과 점수를 부여한다.

6. 교사들은 피드백을 할 때 강점과 약점을 모두 다루어야 한다는 사실을 알고 있지만 실제로는 학생이 작성한 내용 중 주로 부족한 부분을 지적한다.

7. 교사들은 학생들이 학습에 더 큰 책임(통제권, 결정권 – 옮긴이)을 가져야 한다고 생각하지만 실제로는 서면 피드백을 제공해서 학생이 스스로 학습을 통제할 수 있는 여지를 줄인다.

8. 교사들은 과정중심 글쓰기가 유익하다고 생각하지만 실제로는 학생들에게 준비과정을 다 밟지 말고 단번에 쓰라고 요구한다.

9. 교사들은 실수가 반복될 것을 알면서도 학생들의 글쓰기 오류에
   계속 집중한다.
10. 교사들은 학생이 쓴 글을 채점해봐야 아무런 성과가 없을 거라
    고 생각하면서도 실제로는 계속해서 그동안 하던 방식대로 채
    점을 한다(2009, pp.15-18).

7학년 영어 담당인 페레즈(Perez) 선생님은 읽어야 할 보고서는 많
은데 시간이 항상 모자란다. 다행히 그녀는 학습자들이 포기하지 않
고 끈기있게 개선할 수 있도록 의미 있는 서면 피드백을 전달하는 방
법을 터득했다. "저는 학생들의 보고서가 초안 상태일 때 전부 읽어
요. 그리고 '중심' 문단 하나만 교정합니다. 보고서 전반에 걸쳐 실수
한 부분이 잘 드러난 문단을 선택하는 거죠. 그 문단을 먼저 집중해서
교정합니다. 두 가지 과정 중 이 부분이 더 힘들어요." 그녀는 이렇게
말했다. "이 작업을 할 때는 루브릭이 꽤 유용합니다. 가장 중요한 요
소에 집중할 수 있도록 해주기 때문이죠. 그리고 별도의 메모지에 규
칙에 관한 피드백을 남깁니다."

바삐 돌아가는 교실에서는 아무리 사려 깊게 전달한다고 해도 교
사 한 사람의 피드백에만 의존할 수는 없다. 그래서 많은 교사들이 학
습자 지원을 강화하기 위해 동료 피드백이라는 메커니즘을 활용한다.

동료 피드백

최근 비슷한 개념을 공부했거나 현재 공부하고 있는 학생들은 또래

학습자들에게 통찰력 있는 지원을 제공할 수 있다. 이렇게 또래매개 (peer-mediated) 학습경험을 통해 학생들은 함께 문제를 풀어보고 실험활동을 하면서 가능성 있는 답안을 찾고자 노력하게 된다. 일반적인 동료 피드백(peer feedback)에는 동료 튜터링(peer tutoring)과 동료 반응(peer response), 두 가지가 있다.

동료 튜터링 동료 튜터링은 장애학생을 비롯하여 많은 학생들에게 효과가 있는 것으로 나타났다(Mastropieri et al., 2001). 과학기술의 발달로 동료 피드백은 더 다양한 환경에서 가능해졌다. 일례로 '무선 이어폰' 기술을 사용하는 교사들이 있다. 이렇게 하면 구두발표가 진행되는 도중에 또래교사(peer tutor)가 같은 반 친구들에게 즉각적으로 피드백을 전달할 수 있다. 또래교사가 발표자에게 "천천히"라고 말하면 곧바로 교정이 이루어지는 것이다. 일부 연구자들은 발표 후에 제공되는 지연된 피드백과 달리 즉각적인 피드백이 더욱 긍정적인 변화를 가져오고, 발표자 입장에서도 더 유용하게 생각한다는 사실을 발견했다(Scheeler, Macluckie, & Albright, 2010).

학생이 주도하는 튜터링은 고학년 학생이 저학년 학생의 학업을 도울 때 효과적이다. 학업에 어려움을 겪는 중학생이 초등학생의 또래교사가 되어 학습을 지도하게 하면, 양쪽 학생 모두에게 학업적 성과가 나타나는 것으로 밝혀졌다(Jacobson et al., 2001). 또래교사 역할을 하는 학생이 같은 나이의 동급생이든 다른 학년 학생이든 상관없이, 동료 튜터링의 효과는 수업 중 제공되는 피드백의 정확성에 따라 달라진다. 또래교사와 학습자 사이에 협력관계가 형성되지 않을 경우, 관계의 질을 개선하기 위한 교사의 피드백이 불가피하다(Dufrene, Noell, & Gilbertson, 2005).

교사들은 동료 튜터링이 효과적일 수 있지만 한계가 있다는 점을 꼭 명심해야 한다. 결국 또래교사는 선생님이 아니기 때문에 학습자가 개념을 잘못 이해하는 상황이 발생했을 때 피드백의 기회를 놓치기 쉽다. 또 사실 정보, 특히 교과서에 직접적으로 언급된 내용에 국한해서 피드백을 제공할 가능성이 훨씬 많다(Chi, Siler, & Jeong, 2004).

고등학교에서 수학을 가르치는 버로우(Burow) 선생님은 학습내용을 잘 이해하지 못하는 학생들을 지원하고 피드백하기 위해 또래교사를 적극 활용한다. 그녀는 잠재적 또래교사를 선택할 때 특별한 자질을 살핀다. "물론 수학을 잘하는 학생을 원합니다. 하지만 그게 다는 아닙니다. 작년에 A+를 받은 학생이라고 해서 적임자라고 생각하지는 않습니다. 저는 학습자의 입장을 잘 이해할 수 있는 학생을 찾습니다."

버로우 선생님은 수학시간에 생산적 모둠활동을 진행하면서 거의 매일 이러한 자질들을 살핀다(Frey, Fisher, & Everlove, 2009). 학생들은 서로 상호작용을 하며 수학적 개념에 대한 이해를 강화한다. "저는 모둠 구성원들의 학습활동을 지원해주는 능력은 물론 사회성 스킬도 살핍니다." 버로우 선생님은 이렇게 말했다. "매일 테스트를 하는 거죠. 단순히 '정확한' 답에만 주목하지 않고 유용한 피드백을 제시하는 자질과 친절한 태도를 같이 봅니다."

버로우 선생님은 방과 후 수학 튜터링 프로그램에서 함께 일할 또래교사를 모집했고, 참여 의사를 밝힌 학생들을 대상으로 한 명씩 인터뷰를 실시했다. "제가 최고로 인정하는 수학 또래교사들은 수학 성적이 꼭 상위권에 속하는 아이들은 아닙니다. 하지만 다른 사람의 수학적 사고를 파악해서 바로잡아주는 능력은 정말 탁월합니다." 그녀는 이렇게 언급하면서 사라라는 학생을 예로 들었다. 버로우 선생님은 사라를 수학 위스퍼러(Math Whisperer), 즉 수학과 소통하는 사람이라고 부른다. "사라는 상대의 지식이 어느 수준인지 파악해서 유용하고 확실한 피드백을 친절하게 전달하는 신통한 능력을 가지고 있답니다. 알렉스와 공부할 때 사라가 이렇게 말한 적도 있어요. '이 단계까지는 정확하게 잘하고 있었어. 그런데 그 다음에 실수를 하더라. 여기서 어떻게 다르게 한 거니?'"

사라가 또래교사로서 뛰어나긴 하지만, 버로우 선생님은 자신이 가르치는 학생들 모두에게 교사의 전문적인 지도가 필요하다는 사실을 잘 알고 있다. "이런 '미니미들(mini-mes, 어떤 사람을 그대로 축소해놓은 모양-옮긴이)'을 수업시간에 불쑥 투입시켜놓고 교사인 저는 휴식을 취하고자 하는 것이 절대 아닙니다." 버로우 선생님의 말이다. "또래교사들이 큰 힘이 되는 것은 사실이지만, 교사가 학생들의 대화에 자주 참여해야 합니다. 단지 또래교사의 도움을 받는 아이들 때문만은 아닙니다. 또래교사들 역시 제가 관찰해야 할 대상입니다. 다른 학생들과 똑같이 이들 역시 피드백이 필요하지요. 그렇지 않고서야 어떻게 발전할 수 있겠습니까." 버로우 선생님은 수학 또래교사들에게 학습의 다양한 측면에 대해 교육한다. 특히 피드백을 전달할 때 단순히 정답만 알려주거나 너무 모호해서 별로 쓸모가 없는 정보를 제공하는 일이 없도록 주의시킨다.

버로우 선생님도 인정했듯이, 동료 튜터링이 모든 학생에게 적합한 것은 아니다. 교실현장에서 좀 더 광범위하게 사용되고 있는 또 다른 접근법으로 동료 반응이 있다.

동료 반응 많은 교실에서, 심지어 초등학교 교실에서조차 글쓰기 시간에 동료 첨삭(peer editing)이 차지하는 비중이 크다. 하지만 그 결과는 만족스럽지 못할 때가 많다. 우선 동료 튜터링과 마찬가지로 학생 개개인의 지식수준에 따라 피드백이 제한적이다. 만일 첨삭해주는 학생이 글쓰기에 능숙하지 않거나 글을 쓴 학생의 지식수준이 낮다면, 피드백은 핵심에서 벗어나 엉뚱한 방향으로 흘러갈 가능성이 크다. 효과적인 피드백을 전달하는 능력을 기르기 위해 교사인 우리도 이렇게 열심히 노력하는데, 어떻게 여덟 살짜리 아이가 우리보다 첨삭을 더 잘할 거라고 기대할 수 있겠는가.

자, 그래도 여덟 살짜리 아이는(그리고 열여덟 살 학생도) 읽고 이해한 내용을 다시 말하는 데는 능통하다. 물론 아이들이 상대방의 글에 효과적으로 반응하는 법을 배워야겠지만, 이런 종류의 피드백은 이미 알고 있는 방법을 활용하는 것으로도 가능하다. 동료 튜터링과 마찬가지로, 서로에게 피드백을 효과적으로 전달하는 법을 배우는 것은 학생들에게 유익하다.

제이 시몬스(Jay Simmons)는 동료 반응(peer response)의 유형을 연구하여 몇 가지 범주로 나눴다(2003). 대부분의 반응이 효과적이지만, 몇몇 반응은 굉장히 부정적이다. 자세한 내용을 보자.

1. 일반적 칭찬 "정말 잘했어!" 식의 구체적이지 않은 포괄적 칭찬으

론 유용한 정보를 전달할 수 없다. 시몬스는 이를 '열렬한 지지(cheerleading)'라고 부르는데, 일부 학생들이 교사가 듣고 있을 때 동료의 점수를 올리기 위한 수단으로 이런 표현을 많이 쓴다는 사실을 발견했다.

2. **사적인 반응** 글쓴이의 생활(또는 독자의 경험)에 대한 코멘트는 잘 해도 효과가 없고 최악의 경우 반감을 부를 수 있다. 이런 피드백으로 인해 글에서 초점이 벗어날 수 있으며 글쓰기 시간이라기보다 심리치료를 위한 것처럼 들릴 수 있다. "지난주에 동물원에 갔다 왔어"(도움이 전혀 안 됨) 또는 "목소리가 화가 난 것 같구나"(부적절함) 같은 표현들이 이에 해당한다.

3. **내용 재생** 앞의 두 경우와 달리 가장 유용한 형태의 피드백이다. 앞에서 상대가 읽은 내용을 자신의 언어로 바꿔 말하는 행위를 통해 글의 구체적인 측면에 주목할 수 있다. "서론부터 흥미진진하다"는 반응을 들으면 글쓴이는 자신의 글이 독자들에게 어떻게 받아들여지는지 파악할 수 있다.

4. **문장과 단어 첨삭** 이런 유형의 피드백은 교사의 영역을 침해하는 것이다. "이 단어를 너무 많이 썼다" 혹은 "여기에는 물음표를 사용해야지" 등의 반응은 상대의 글을 미숙하게 보고 배려 없이 교정하는 결과를 초래한다. 뿐만 아니라 학생들에 의한 첨삭은 대체로 부정확하다.

5. **독자의 요구** 글쓴이 입장에서 독자들이 자신의 글을 어떻게 보고 있는지 알 수 있기 때문에 무척 도움이 되는 동료 피드백이다. 특히 이야기를 순서대로 전개하지 못하는 어린 학생들에게 유용하

다. "갑자기 새로운 인물이 등장해서 이 부분을 읽을 때 혼란스러웠다"와 같은 코멘트는 글쓴이에게 정보의 간극을 일깨워준다.

6. **글쓴이의 전략** 전략의 제시는 훨씬 어려운 일이고, 초등학생이나 글쓰기에 능숙하지 못한 학생들에겐 거의 불가능하다. 하지만 방법 자체는 굉장히 유용하다. 이러한 유형의 동료 피드백은 글쓰기의 기술에 주목한다. 예를 들면 다음과 같은 의견이 전략 제시에 해당된다. "독자들이 개요부터 읽을 수 있도록 이 문단을 맨 처음에 배치하면 어떨까?"

시몬스가 지적한 것처럼 "바람직한 반응자(responder)는 타고나는 것이 아니라 학습되는 것이다"(2003, p.684). 학생들이 비효율적이고 유해한 피드백은 피하면서, 효과적인 기술을 사용할 수 있도록 가르치는 구체적인 방법이 있다. 5학년을 담당하는 스티븐슨(Stephenson) 선생님은 〈표 4.2〉의 기법을 활용하여 동료 반응을 집중수업(focus lesson)의 주요활동으로 정했다. 집중수업이란 교사가 학습목표를 확립하고 수업내용을 구체적으로 시범보이는 과정을 말한다. 스티븐슨 선생님은 직접 작성한 글을 학생들에게 읽어주고 반응을 끌어낸 다음, 그들의 제안이 어떤 식으로 통합되어 수정안으로 도출되는지 보여준다. 마리아나가 아낌없는 칭찬을 보내면("정말 좋아요, 선생님") 스티븐슨 선생님은 감사의 인사를 전하는 한편 좀 더 구체적인 피드백을 요구한다.

표 4.2 동료 반응을 가르치는 기법

기법	교사가 할 일	학생이 할 일
글 공유하기	글을 나눠주고 반응을 구한다. 학생들의 반응을 반영하여 수정한 글을 공유한다.	교사의 글에 의견을 제시한다.
명확한 평가 vs. 반응	평가가 성과물에 대한 것인 반면, 반응은 글쓴이에 대한 것임을 설명한다.	반응할 때는 품위 있고 도움이 되도록 해야 함을 이해한다.
칭찬하는 법 시범보이기	독자로서 좋았던 점을 전달하는 방법을 보여준다.	지나친 응원의 말은 너무 포괄적이어서 전혀 도움이 되지 않는다는 사실을 이해한다.
이해하는 법 시범보이기	글을 읽고 이해한 내용을 전달하는 방법을 보여준다.	작품에 대한 성찰이 글쓴이에게 도움이 된다는 사실을 이해한다.
질문하는 법 시범보이기	이해하지 못한 부분에 대해 질문하는 방법을 보여준다.	글쓴이의 목적과 관련된 질문들이 도움이 된다는 사실을 이해한다.
제안하는 법 시범보이기	글쓰기 기법을 제안하는 방법을 보여준다.	바람직한 반응자란 글쓴이에게 다음 단계를 알려주는 존재라는 것을 이해한다.
학급전체 반응	한 사람의 글에 대한 학급전체의 반응을 조정한다.	반응을 제시한다. 다른 사람들의 반응을 듣는다. 글쓴이가 유용하게 생각하는 것들을 듣는다.
짝꿍 반응	짝을 지어주고 글에 반응하게 한다.	수업시간에 배운 반응기술을 실천한다.
의견 검토	글쓴이에게 동료들의 반응을 읽어준다. 더 나은 기법을 제안한다. 집중수업을 구상한다.	의견에 대한 교사의 피드백을 받는다.
반응 회의	학생들과 개별적으로 이야기하면서 적절하게 반응한다.	기법을 강화한다.

출처: 「Responders are taught, not born(바람직한 반응자는 타고나는 것이 아니라 학습되는 것이다)」 (Simmons, 2003)「Journal of Adolescent and Adult Literacy」, 46권(8호), pp.684-693. 저작권은 International Reading Association에 있으며 승인을 받아 게재(www.reading.org)

선생님   어떤 내용이 좋았는지 말해주겠니, 마리아나?

마리아나   선생님이 우리 나이 때 어땠는지 알게 되어서 좋았어요. 흥미로웠어요.

선생님   도움이 되는구나, 마리아나. 어떤 걸 써야 효과적인지 알려주는 좋은 피드백이야. 그럼, 더 나은 글이 되려면 무엇을 해야 할까?

로베르토   선생님 글을 보면, 도입부에서는 친구들이랑 어울리는 걸 좋아했다고 나와 있는데 뒤에서는 혼자 있는 걸 좋아했다고 해서 헷갈렸어요. 둘 중 하나만 써야 하지 않나요?

선생님   좋은 지적이야, 로베르토. 내 머릿속에 두 가지 모두 들어 있었나 보다. 그 부분을 확실하게 설명하지 않았던 것 같다. 다시 읽어보고 명확한 표현이 필요한지 살펴볼게.

    토론을 진행하면서 스티븐슨 선생님은 학생들의 반응을 계속해서 구체화하고 조직화했다. 이후 수업에서 선생님은 다른 사람이 쓴 글을 분석하는 경험을 더 많이 제공하기 위해 전년도 학생들의 글을 (이름은 삭제하고) 활용했다. 동료 반응에 점차 능숙해지자 학생들은 자진해서 글을 쓰고 짝꿍과 서로의 글을 평가하기 시작했다. 선생님은 학생들의 의견을 지속적으로 모니터링하면서, 그들의 의견이나 피드백이 글을 쓴 학생에게 어떤 도움이 되는지 추가적인 피드백을 제공했다. 그 과정에서 어려움을 겪는 학생들과 개별 면담을 갖기도 했다.

스티븐슨 선생님은 다음과 같이 설명했다. "몇 년 동안 해보니, 이러한 활동이 학생들에게 필자로서의 의식을 높여주는 것 같아요. 학생들이 어떻게 해야 효과적으로 쓸 수 있는지 더 많이 인식하게 되니까 글쓰기 실력이 크게 향상되더군요. 마치 스스로에게 피드백하는 방법을 배우는 것과 같다고 할 수 있습니다."

교정적 피드백에 대한 학생들의 반응

학생들은 교사의 교정적 피드백(corrective feedback)에 다양한 태도와 방식으로 반응한다. 어떤 학생들은 피드백을 신중하게 실천하면서 새로운 무언가를 배운다. 물론 앞서 살펴본 피드백의 기준을 모두 충족한 경우에 가능한 일이다. 연구에 따르면, 피드백 기준이 충족된 상황에서의 피드백은 매우 긍정적인 효과가 있다(e.g., Marzano, Pickering, & Pollock, 2001). 학생들은 시기적절하고, 구체적이며, 이해할 수 있고, 실행 가능한 형태일 때 비로소 피드백을 제대로 활용할 수 있다.

안타깝게도, 교사로부터 전달받은 피드백을 학생들이 어떻게 사용하는지에 관한 연구는 별로 없다(e.g., Treglia, 2008). 교사 피드백과 관련해 제기된 주의사항 가운데 피드백으로 인한 정서적 영향과 잠재적 해악에 주목한 연구가 있다. 교사의 피드백이 학생과 교사 간의 관계나 신뢰감 형성에 악영향을 미칠 수 있다는 것이다. 가끔 학생들은 피드백을 읽고 교사가 자신을 좋아하지 않는다고 생각하거나, 전혀 배려심이 없는 교사라고 해석한다(Ferris, 1997). 이럴 경우, 교사가 전달한 피드백을 학생들이 활용하거나 그것으로부터 무언가를 배울 가능성은 없다.

피드백이 학생들의 부정적인 반응을 유발하지 않고 유용성 기준을 모두 충족했을 때 학생들이 보이는 전형적인 반응이 몇 가지 있다(Ferris, 2006).

- **오류 정정** 교사의 피드백을 바탕으로 실수를 정확하게 수정한다.
- **부정확한 정정** 실수를 알아보고 고쳤지만 정확하지 않다.
- **정정 없음** 어떤 것도 수정하지 않는다.
- **텍스트 삭제** 텍스트가 삭제되어 더 이상 정정할 필요가 없다.
- **대체하여 정확해짐** 식별된 오류를 다른 용어나 표현으로 대체하여 정확하게 정정한다.
- **대체하였으나 부정확함** 식별된 오류를 다른 용어나 표현으로 대체하여 정정했지만 여전히 오류가 남아 있다.
- **교사에 의해 유발된 오류** 피드백 때문에 학생이 오류를 범하게 된다.

이러한 반응들 중 일부는 학습에 효과적으로 작용하겠지만 나머지는 그렇지 않다. 이번 장에서 살펴본 대로, 피드백은 형성평가 시스템에서 중요한 부분이긴 하나 피드백 자체만으로는 더 나은 학습으로 이어지지 않는다. 어떤 학생에게는 피드백이 효과적일 수 있다. 반면 그렇지 못한 학생에게는 오류나 잘못 이해한 개념에 맞춰 세심하게 설계된 지도와 설명이 추가로 필요하다.

4장 요약 & 5장 미리보기

이번 장에서는 학생들의 성취수준을 향상시킬 수 있는 피드백의 전달 방법을 중점적으로 살펴보았다. 먼저 피드백을 (1)과제, (2)처리과정, (3)자기조절, (4)개인적 특성에 대한 피드백으로 구분하고, 각각에 해당하는 사례들을 제시했다. 그리고 효과적인 피드백의 필수 기준인 적시성, 구체성, 이해 가능성, 실행 가능성에 대해 설명했다. 그 외에 구두 피드백, 서면 피드백, 동료 피드백 등 피드백의 유형도 살펴보았다.

물론 피드백이 학생의 이해수준을 바꾸는 데 효과적이지 않을 때도 많다. 여기에는 몇 가지 이유가 있다.

- 어떤 피드백은 정말 나쁘다.
- 피드백의 시기가 적절하지 않고 내용도 구체적이지 않다.
- 학습자가 피드백을 이해하지 못한다.
- 학습자가 피드백을 토대로 어떻게 행동해야 할지 모른다.

다음 장에서 이 부분을 좀 더 자세히 살펴볼 것이다. 피드백은 학생의 학습이 촉진될 가능성을 높이기 위한 피드포워드 활동과 반드시 병행되어야 한다. 교사가 학생의 수행결과를 바탕으로 무엇을 가르칠지 결정할 때 학습능력과 성취도는 향상된다. 다음 장에서는 교사들이 내리는 전략적 결정, 그리고 수업과 평가의 연계를 위해 취할 수 있는 방법들을 중점적으로 살펴본다.

THE
FORMATIVE
ASSESSMENT
ACTION
PLAN

피드포워드:
다음 단계는 어떤 방향으로
나아가야 하는가?

10학년 학생인 하난은 선생님과 학생 몇 명이 모여 있는 작은 모둠에 합류했다. 이들의 손에는 '나는 누구인가'를 주제로 작성한 시의 초고가 들려 있었다. 선생님은 학생 각자의 초고에 대해 이미 피드백을 제시했고, 추가적인 지도를 위해서 학생들을 만난 것이다. 교실 내 다른 학생들은 개별적으로 또는 협력적으로 학습활동을 하고 있다. 컴퓨터를 사용하는 학생도 있고, 책을 읽는 학생도 있다. 테이블에 앉아 토론하는 학생, 자신이 읽은 내용을 포스터로 제작하는 학생, 서로 동료첨삭을 해주고 피드백을 주고받는 학생도 있다.

앤더슨(Anderson) 선생님은 이 모둠에 속한 네 학생이 모두 자리에 앉자 대화를 시작했다. 먼저 학생들의 노력을 긍정적으로 평가하면서 다음과 같이 말했다. "여러분이 작성한 첫 번째 초안을 즐겁게 잘 읽었어. 모두들 이번 과제에 신경을 많이 썼는지 작품이 감동적이더구나. 여러분 모두의 작품에서 그런 점이 공통적으로 드러났어. 또 한 가지 눈에 띄는 공통점이 있는데, 바로 시의 구조를 지키지 않았다는 거야. 2행연(two-line stanza)의 힘에 대해 설명했던 내용을 기억하니? 이번 과제에서 반드시 2행연 구조를 사용하라는 말은 아니었단다. 다만 우리가 2행연의 구조에 대해 좀 더 자세히 이야기해보면 최종안을 작성할 때 참고할 수도 있지 않을까 생각했지. 그럼 각자가 작성한 시를 살펴볼까? 선생님이 무슨 말을 하는지 이해가 되니?"

학생들은 들고 온 시를 찬찬히 살펴보았다. 하난은 마치 처음 보는 것처럼 자신이 작성한 시가 어떤 연은 2행, 어떤 연은 3행, 심지어 어떤 연은 4행으로 이루어져 있다는 사실을 그제야 깨달았다. 하난은 선생님의 서면 피드백을 살펴보면서 한 가지 코멘트에 주목했다. "2행 구조를 사용해서 시를 수정해보면 어떨까 싶다. 그러면 훨씬 강렬한 시가 될 것 같구나. 내 생각에 첫 번째 행은 '나는(I am~)'으로 시작하고 두 번째 행은 '처음(The first~)'으로 시작하면 좋을 것 같다."

앤더슨 선생님은 학생들에게 이렇게 말했다. "아무래도 선생님이 여기 있는 동안에 고쳐보면 도움이 될 거야. 누구 시도해볼 사람?" 하난은 해보겠다는 의지를 적극적으로 내비쳤다. "제가 쓴 시에서 첫 번째 부분은 네 개의 행으로 이루어져 있어요. 수정해서 두 개로 줄여야 할 것 같아요. 선생님이 여백에 적어주신 구조를 활용하면 좋겠어요. 그렇게 해서 첫 번째 연을 읽어보면, '나는 호기심 많은 어린 원숭이 큐리어스 조지(Curious George)/처음이자 끝이고, 시작이자 마침이라'

가 되겠죠."

앤더슨 선생님은 모둠의 다른 구성원들에게 하난의 수정안에 대한 의견을 구했다.

에드거   그렇게 하니까 굉장히 강렬하다. 훨씬 이해가 잘 되네. 정말 네가 호기심이 많은 사람처럼 들려. 그리고 호기심 때문에 어떤 곤경에 처할 것 같은 느낌도 들어. 저번에 썼던 내용은 이해하기가 어려웠어.

디온   나는 뒷부분이 좋은 것 같아. "처음이자 끝이고" 그리고 "시작이자 마침이라"고 하니까 내용이 더 살아나는 것 같아. 수정 전에는 네가 마지막 행에서 뭘 말하려는 건지 이해가 잘 안 되더라. 지금은 마치 기도문 같아.

하난   고마워. 원래 쓰고 싶었던 내용이 이런 거였어. 이렇게 하니까 훨씬 좋다. 이제 알겠어. 다음 부분도 해볼게.

대화는 계속됐고, 앤더슨 선생님은 학생들에게 자신이 전달했던 피드백을 참조해보도록 유도했다. 학생들이 잘 이해하지 못할 경우에는 질문(questions), 길잡이 정보(prompts), 단서(cues) 등의 전략을 활용하여 더 많은 설명과 지침을 제공했다. 앤더슨 선생님은 학생들이 무엇을 해야 하는지 직접적으로 언급하지는 않았다. 대신 상호작용을 통해 학생들의 이해를 도우면서 이들이 생각하는 대로 수정안을 작성할 수 있도록 안내했다. 하난이 최종적으로 완성한 시는 〈표 5.1〉에서 볼 수 있다.

표 5.1 하난의 시 '나는 누구인가'(최종 수정본)

나는 호기심 많은 어린 원숭이 큐리어스 조지
처음이자 끝이고 시작이자 마침이라

나는 이해받지 못하는 사람들을 이해하는 사람
소외된 사람이자 문제 해결사

나는 많은 것을 숨기고 아주 조금 보여주는 사람
쑥스럽게 인사하고 멋지게 작별하는 사람

나는 창의적이고 독특한 사람
사람들이 왜 그렇게 비판적인지 궁금한 사람

나는 내 삶에 녹아든 당신들 때문에 존재하는 사람
모두의 사랑 덕분에 살면서 사랑이 없는 사람

나는 내가 말한 것들과 말하지 않는 것들로 존재하는 사람
들었으나 듣지 못한 사람

나는 내가 해낸 모든 일들로 지금의 내가 된 사람
많은 것을 보고 경험하는 사람

나는 하난
당신에게 중요하지 않을 때에도 나는 중요한 사람

하난은 낯선 장르(시)의 글쓰기를 수행하는 과정에서 급격한 진전을 보였다. 진정한 배움이 이루어진 것이다. 배움이라는 것은 기존 지식 위에 새로운 지식이 차곡차곡 쌓이는 선형적 과정과는 거리가 멀다. 정보에 대한 노출이 곧바로 결과로 이어진다는 엄격한 행동주의 학습이론에 많은 것을 기대할 수도 있겠지만, 그런 순진한 견해에 매달려 있기에는 우리는 이미 학습과 인지에 대해 너무도 많은 것을 알고 있다. 그런데도 이런 신념을 흉내만 내는 수업 관행이 아직도 남아 있다. 특히 단순한 받아쓰기에서 좀처럼 벗어나지 못하는 무수한 강의들이 그렇다.

지식과 스킬의 습득에 의존하는 학습은 복잡하다. 모두가 아는 대로, 지식은 몇 가지 차원으로 나눌 수 있다. 주로 사실에 의해 작동하는 선언적 지식(declarative knowledge), 그리고 무언가를 성취하기 위해 순차적인 방법으로 사실을 적용하는 절차적 지식(procedural knowledge)이 있다. 마지막으로, 무언가를 하기 위해서 언제 어떻게 할 것인지를 판단하는 조건적 지식(conditional knowledge)이 있다 (Anderson, 1983). 선언적 지식에서 조건적 지식으로 갈수록 지식통합의 수준이 높아진다. 그리고 각각의 지식을 습득하는 과정에서 오개념이나 오류가 생겨날 가능성이 있다.

지식의 다양한 유형을 설명하는 데 테니스만큼 좋은 예가 없다. 장비의 명칭(예: 라켓, 스트링)을 정확히 알고 기본동작(예: 포핸드, 백핸드, 발리)을 구분하는 것은 선언적 지식으로서 테니스에 대한 기초지식을 형성한다. 절차적 지식 단계에서는 경기규칙, 득점방법, 그리고 공을 정확하게 맞추는 스윙법 등을 알아야 한다. 조건적 지식의 단계에 이르면 선수는 좀 더 전략적인 선택을 내린다. 공을 정확하게 쳐야 함은 물론, 상대가 네트 가까이에 위치할 때 받아치기 어렵게 만들기 위해서는 공을 코트 뒤쪽으로 보내는 탑 스핀 서브를 해야 한다. 요약하자면, 세레나 윌리엄스(Serena Williams, 미국의 테니스 선수-옮긴이)와 라파엘 나달(Rafael Nadal, 스페인의 테니스 선수-옮긴이)이 우리와 다르게 보이는 이유는 조건적 지식의 차이 때문이다. 여기서 주의할 점은 서로 다른 유형의 지식을 통합하려는 시도는 오개념과 오류가 생성될 또 다른 가능성을 의미한다는 것이다.

오개념

학생들은 이전의 수업과 경험으로부터 잘못된 개념을 익힐 수 있다. 이런 오개념(misconceptions)은 학생의 발달수준, 학교와 학습에 대한 인식, 심지어 무엇이 진실인가에 대한 기대감에 의해 더욱 확장된다. 오개념이 생겼을 때 즉시 바로잡지 않으면 끝까지 지속된다. 아주 골치 아픈 문제다. 학습자가 기존의 오개념을 뒷받침하고 강화하기 위해 새로운 지식의 일부분만 선택적으로 받아들인다는 사실도 익히 알려져 있다. 일반적인 오개념의 사례를 보자.

- 아메리칸 인디언들은 집을 살 여유가 없어서 원뿔형 천막에서 살았다.
- 계절의 변화는 태양과 지구 사이의 거리 때문에 일어나는 현상이다.

• 분수를 곱하면 더 큰 수가 나온다.

오개념을 바로잡기 위해 단순히 학생들에게 텍스트를 읽히는 것은 이상적인 방법이 아니다. 대학 신입생을 대상으로 실시한 비교연구에 따르면, 오개념을 가진 학생들이 그렇지 않은 학생들보다 과학적 텍스트를 읽고 회상하는 능력이 부족했으며 더 많은 오류를 범하는 것으로 드러났다(Kendeou & van den Broek, 2005). 흥미롭게도 텍스트 질문, 추론, 요약 등 독해활동의 횟수는 양쪽이 동일했다. 다시 말하면, 읽기과정 자체는 문제가 없었다는 얘기다. 단지 학생들이 받아들이는 것에 차이가 있었을 뿐이다.

이 점은 "개념적 변화는 사회적으로 이뤄진다"(Allen, 2010, p. 156)는 명제를 상기시킨다. 즉, 오개념에서 정확한 개념으로의 전환은 다른 사람들과 함께할 때 일어날 가능성이 훨씬 높다. 올바른 개념으로의 전환을 끈질기게 방해하는 오개념을 교체하기 위해서는 새로운 이해가 필요하다. 토론, 추측, 주장의 증거, 질문 등은 누군가의 머릿속에 깊이 자리 잡은 오개념을 바로잡는 데 활용할 수 있는 요긴한 방법들이다.

앞의 하난의 이야기로 돌아가보자. 앤더슨 선생님은 하난이 시에 관한 몇 가지 오개념을 가지고 있다는 사실을 인지했다. 처음에는 하난의 오개념이 모든 시가 운율을 맞추어야 한다거나 연의 형식을 지켜야 한다는 등 일반적인 것들이라 판단하고 관련 내용을 다루었다. 그런데 다른 학생들은 예로 제시한 시에서 패턴을 식별하고 활용한 반면에 하난은 그러지 않았다는 것을 알게 됐다. 하난과 다시 면담을 하면서 앤더슨 선생님은 이 부분을 분명하게 짚어주고 추가사항을 설명했다. 그 과정에서 하난은 시의 형식에 대한 기본적인 이해를 넘어 더 크게 성장할 수 있었다.

오개념과 오류에 대한 분석은 피드포워드 시스템에서 필수적이다. 어떤 학생에게 설명이 더 필요한지, 어떤 영역을 가르쳐야 하는지 교사가 목적의식을 가지고 결정할 수 있기 때문이다. 또 오류분석을 통해 교사는 교수활동에 필요한 정확한 자료를 확보하여 학생들이 완전히 이해하지 못한 개념을 재교육할 수 있다.

오류분석

학생들의 오류를 분석하는 것은 형성평가 시스템을 시행하려는 교사들에게 매우 유익하다. 오류가 흥미로운 이유는 학생의 현재 이해수준을 보여주기 때문이다. 특히 학생의 요구에 부합하는 맞춤형 수업을 계획할 때 오류분석(error analysis)이 유용할 수 있다(Kramarski & Zoldan, 2008). 학생들이 범하는 오류가 그들에게는 논리적으로 완벽하다는 것을 기억해야 한다. 학생들은 자신이 오류를 범하고 있다는 사실을 전혀 인식하지 못한다. 이런 상황에서 단순히 오류를 지적하는 것은 학생의 성취수준을 변화시키는 데 효과가 없을 수도 있다.

단순한 오류확인과 달리, 오류분석을 하면 평가에 소요되는 시간 중 절반은 피드포워드에, 그리고 반은 피드백에 할애할 수 있다. 초임교사 시절 우리는 평가시간의 대부분을 피드백에 할애했다. 당연히 이런 접근은 통하지 않았고, 학생들은 우리의 노고가 서려 있는 결과물을 쓰레기통에 던져버리곤 했다. 이는 주목할 만한 부분이다. 피드포워드를 제공한다고 해서 더 많은 시간을 소요해서는 안된다. 학생과 학부모에게 쏟아야 할 시간을 빼앗겨서는 안된다. 평가시간의 절반을 피드포워드 분석에 할애하라. 그렇게 하면 시간을 훨씬 유용하게 쓸 수 있다.

단서 오독

가장 일반적인 오류분석 시스템 중에는 읽기 과정에서 나타난 오류를 분석하는 것도 포함된다. 지금까지 단서의 오독(miscues)과 관련해서 청각장애 학생(Girgin, 2006), 영어학습자(Wurr, Theurer, & Kim, 2008), 읽기에 어려움을 겪는 학생(Moore & Brantingham, 2003) 등을 대상으로 여러 연구가 진행되었다. 또 부모가 자녀의 단서 오독에 대처하는 양상을 조사한 연구도 있다(Mansell, Evans, & Hamilton-Hulak, 2005).

오독분석은 일반적으로 읽기 과정에서 발생하는 오류의 유형에 주목한다. 케네스 굿맨(Kenneth Goodman)은 책을 읽을 때 오류를 범하게 되는 원인을 세 가지로 규정했다(1967). 예를 들어 '그 다음에 우리는 벌레를 발견했다(Then we spotted the bug)'라는 문장을 읽으면서 독자는 다음과 같은 오류를 범할 수 있다.

- 단어 내 철자 단서(graphophonic cues)를 잘못 보고, 벌레(bug)를 '침대(bed)'라고 읽는다.

- 문맥상 의미를 유추하여, 벌레(bug)를 '거미(spider)'라고 읽는다.
- 문장의 구조나 문법관계를 바탕으로, 벌레(bug)를 '소녀(girl)'라고 읽는다.

세 가지 단어 오독 모두 실수로 볼 수 있지만, 후속 수업은 오류의 유형에 따라 달라져야 한다. 오독판별을 위한 공식적인 코딩 시스템(coding systems, 부호화 체계)도 있고(e.g., Goodman & Burke, 1972), 읽기 유창성과 정확성을 체크하는 시스템도 있지만(Clay, 2010) 이 책에서는 다루지 않겠다. 그보다는 학생들이 범한 오류의 유형에 따라 수업의 방향이 정해져야 한다는 점에 주목한다.

오류 코딩

다행히 교사가 오류들을 확인하여 어느 학생이 어떤 유형의 오류를 범했는지 파악할 수 있는 간편한 오류 코딩 방법이 있다. 교사는 과제물을 검토하는 동안 학생 개개인의 오류들을 확인하고 유형별로 분류하면 된다.

일례로, 르클레르(Leclair) 선생님은 '우리를 살아가게 하는 것은 무엇인가?'라는 주제의 에세이 초안을 검토할 때 학생들의 표기법 사용에 특별히 주목했다. 그는 도움이 필요한 학생들을 파악하여 그에 맞게 수업계획을 세울 수 있기를 바랐다. 이런 그에게 학생들이 저지른 실수들, 특히 에세이의 초안 단계에서 다루지도 않을 오류들이 나열된

긴 목록은 불필요하다. 르클레르 선생님은 학생들의 견해 및 논리 전개에 대한 피드백과 피드포워드 정보를 학생들에게 미리 전달했다. 〈표 5.2〉에서 정리한 대로, 특정 오류를 범한 학생들을 대상으로 어떻게 바로잡아야 하는지 알려주면 된다. 여기서 주목할 점은, 르클레르 선생님이 확인된 오류들을 깊이 다루기 전에 학생들 각자가 쓴 글에 피드백을 전달했다는 사실이다. 다음은 다양한 오류를 보인 제시라는 학생이 르클레르 선생님에게 받은 서면 피드백이다.

네 견해도 분명하고 의견 제시도 충분했다. 문단 전환이 적절해서 더 읽고 싶게 만들더구나. 처음부터 끝까지 현재시제를 사용해서 이해하기 훨씬 쉬웠다. 맞춤법 프로그램을 실행해서 어떤 부분에서 오류가 있었는지 확인해보길 바란다. 표기법과 관련해서 더 자세한 이야기는 만나서 하자.

오류만을 나열한 개괄적인 목록은 제시에게 필요하지 않다. 그런 목록은 다음 과제를 더 잘 수행하는 데 전혀 도움이 안 된다. 만일 르클레르 선생님이 오류들을 추려서 목록으로 작성하고 제시가 그 모든 사항을 전부 받아들여서 수정했다면 최종적으로 완성된 에세이는 과연 교사의 것일까, 제시의 것일까? 맞춤법 검사 기능을 활용하라는 르클레르 선생님의 제안은 제시가 충분히 해낼 수 있고, 앞으로도 기억해야 할 사항이다. 이 짧은 피드백은 시기적절하고, 구체적이며, 이해할 수 있고, 실행 가능하다.

피드포워드가 진행되는 동안 제시는 자신에게 필요한 부분에 대해

표 5.2 **오류분석**

날짜: 10/12 주제: 〈우리를 살아가게 하는 것은 무엇인가?〉 에세이 초안, 표기법을 중심으로					
오류	**1차시**	**2차시**	**3차시**	**4차시**	**5차시**
문장 중간 대문자 사용	JC			AA	
콜론, 세미콜론	JC, JT, AG, DL, TV	EC, MV, WK		AA, SK, MG, EM, BA, TS	HH, DP, MR, CH
문장 끝에 붙이는 문장부호	JC, AG, SL	WK, MW		AA, BA	MR
주어-동사	JC, JT, DL, MM, SL, ST, ND	RT, VE, VD, CC		AA, MG, SC, PM, LG	DP, DE
시제의 일치	DS	SJ, JM		AA, TR, PC	DE
맞춤법	JC, MM	WK, RT, AG, SJ		AA, MG, BA, GL, PT, DO, DE, LR	SR, DC, MF

(참고: 학생들의 성과 이름은 이니셜로 표기함-옮긴이)

구체적인 추가 지도를 받았다. 예컨대, 르클레르 선생님은 콜론 및 세미콜론과 관련된 오류는 과잉 일반화(overgeneralization)로 인한 것이며, 제시가(그리고 다른 학생들이) 자주 쓰이지 않는 구두점의 쓰임새를 완전히 이해하지 못했다고 가정했다. 그리고 동일한 오류를 보인 학생들을 대상으로 실수를 해결할 수 있게끔 설계된 교육을 추가로 실시했다.

오류분석을 이용해 르클레르 선생님은 필요에 맞춰 학생들을 분류했다. 이는 형성평가 시스템을 위한 증거기반(evidence-based) 전략 가운데 하나다. 교사들은 학생들에게 정확한 정보와 그에 대한 근거를 제공해야 한다. 물론 그다지 어려운 일은 아니다. 하지만 모든 학생이 아닌 특정 학생에게 필요한 정보를 정확하게 전달하는 것, 바로 그 부분이 어렵다. 이럴 때 오류분석 도구를 활용하면 학생들의 요구에 '딱 맞는' 교육을 제공할 수 있을 것이다.

수학을 담당하고 있는 응웬(Nguyen) 선생님도 학생들의 과제물을 분석할 때 비슷한 도구를 사용한다. 그녀는 도구를 선택하기 전에 오류의 유형을 계산 오류, 틀린 공식, 잘못된 문제설정 등으로 미리 분류해놓는다. 그리고 빈 줄 몇 개를 남겨두고, 학생들이 특정 문제를 푸는 과정에서 나오는 일반적이지 않은 오류나 독특한 형태의 오류를 적는다. 이것으로 오류 예측, 오류를 기록할 수 있는 코딩 시스템 마련, 오류 해결을 위한 계획 수립 등이 가능해졌다.

마찬가지로, 과학을 가르치는 머레이(Murray) 선생님도 시험결과를 검토하기 위해 오류분석 도구를 사용한다. 머레이 선생님이 시험을 실시하는 이유는 단순히 총괄평가와 같은 목적(성적이나 학점) 때문은 아니다. 그보다는 학생들이 저지른 실수를 분석하고 교사가 무엇을 더 가르쳐야 하는지 파악하기 위해서다. 예를 들어보자. 시험에서 거의 모든 학생이 메신저 리보핵산(mRNA)에 관한 질문에 답하지 못했다. 선생님은 작업을 마무리할 무렵, 특정 오류 항목에 학생 대부분의 이름이 적혀 있다는 사실을 알게 됐다. 머레이 선생님은 자신이 해당 개념을 썩 잘 가르치지 못했기 때문이라고 판단하고, 수업을 듣는 모든 학생들에게 재교육이 필요하다는 결론을 내렸다.

위의 사례들이 보여주듯이, 오류분석은 재교육이 필요한 대상을 확인하고 이들을 어떻게 분류할 것인지 판단하는 데 유용하다. 머레이 선생님은 전체 학생을 재교육이 필요한 대상으로 판단했다. 반면에 르클레르 선생님은 아직 수업내용을 제대로 이해하지 못한 학생들을 돕기 위해서는 차시마다 맞춤형 소규모 교육이 필요하다고 보았다. 전체 학생을 대상으로 문장 중간에 사용하는 대문자의 용례를 가르치는 것은 수업시간의 낭비일 수 있다. 그렇다고 소수 학생들의 요구를 외면하는 것은 교사로서의 임무를 소홀히 하는 것일 수도 있다. 이 소수의 학생들에게는 단순히 이전 수업의 축소판이 아니라 그 이상의 것, 즉 스캐폴딩(scaffolding)이 제공되는 안내식 지도가 필요할 것이다.

안내식 지도

안내식 지도(guided instruction)란 수십 년간 존재해온 용어로서, 교사가 직접 설명하거나 시범을 보이는 것에서 벗어나 학습자가 교사의 지도 하에 어느 정도 인지적 책임을 지는 상태로 옮겨가는 것을 뜻한다. 안내식 지도를 하는 목적은 다음과 같다(Fisher & Frey, 2010).

- 이해도를 검토하여 학생이 무엇을 배웠으며, 어느 부분에서 어려움을 겪는지 파악하기 위해서

- 확연히 드러나진 않지만 표면 바로 밑에 놓여 있는 불완전한 이해와 오개념을 밝히기 위해서
- 학습자의 지식 강화를 목적으로 길잡이 정보와 단서의 형태로 스캐폴딩을 제공하기 위해서
- 스캐폴딩에도 불구하고 학습자가 성공하지 못할 경우 직접적인 지도와 시범을 제공하기 위해서
- 학생들이 자신의 능력을 믿고 노력한 만큼 보상받는 건설적 성공을 촉진하기 위해서

지난 수년간 우리가 접해본 '안내식 지도' 수업들은 인지적 책임의 주체가 교사에서 학습자로 전환되지 않은 채 소규모로 이루어지는 집중수업(교사의 시범 및 시연을 의미하며, 6장에서 자세히 살펴볼 것이다)의 형태였다. 시범보이기, 시연하기, 직접적으로 설명하기 등에는 학생의 결석으로 수업을 보충해주어야 한다거나 배경지식을 만들어주기 위해서라는 정당한 사유가 존재한다. 하지만 이런 기법들과, 교사가 안내식 지도를 진행할 때 의도적으로 취하는 교수적 조치를 혼동해서는 안 된다.

일례로 에르난데스(Hernandez) 선생님이 2학년 사회 수업시간에 안내식 지도를 활용한 방식을 살펴보자. 에르난데스 선생님은 교과서에 나오는 지도 사용법을 어떻게 이해했는지 시범을 보인 다음, 안내식 지도를 위해 소모둠으로 구성된 학생들을 만났다. 네 학생이 팔에 사회 교과서를 끼고 손에는 직접 그린 동네 지도를 들고서 에르난데스 선생님과 한 책상에 모여 앉았다.

"자, 지도 위에 표시되어 있는 격자 패턴에 주목해주길 바란다." 선생님이 설명을 시작했다. "이렇게 문자가 올라가 있고, 여기서부터 숫자가 시작된단다. 이제부터 우리 동네 지도를 보면서 어떤 좌표가 사용됐는지 확인해보자." 에르난데스 선생님은 학생들에게 이 활동의 목적을 추가적으로 설명하고, 교과서를 포함하여 다른 자료를 활용할 거라고 전달했다. 모형 제작용 점토에 작은 종이 깃발을 꽂아서 지도에 위치를 표시할 예정이었다.

책상 위에는 여러 개의 깃발이 놓여 있었다. 각각의 깃발에는 동네 식료품점, 초등학교, 공원, 수영장을 비롯하여 주요 지형지물의 명칭이 적혀 있었다. 에르난데스 선생님은 지도에 어떤 좌표가 사용되었는지 질문부터 시작했다. 집중수업에서 다뤘던 지도 좌표의 내용을 학생들이 얼마나 기억하고 있는지 확인하기 위해서였다. 팀이 틀린 대답을 하자, 에르난데스 선생님은 수학시간에 모눈종이를 사용했던 경험을 떠올려보라고 말했다. 계속해서 팀이 배경지식과 새로운 과제 사이에서 연관성을 찾지 못하자, 선생님은 교과서, 즉 정보의 원천으로 주의를 환기시켰다.

선생님 교과서 37페이지를 한번 볼까. 방금 우리가 읽은 페이지야. [학생들이 교과서를 펼치고 해당 부분을 찾는다] 페이지 하단에 있는 지도에서 내가 경찰서의 위치를 어떻게 찾았는지 기억나니?

팀 여기 있어요, 바로 여기예요. [교과서에서 경찰서를 가리킨다]

샤메인	그런데 선생님은 뭔가를 사용해서 위치를 말하라고 하셨어. 그걸 뭐라고 부르죠, 선생님?
선생님	책에서 읽었단다.
샤메인	[교과서를 들여다본다] 여기 있다! 좌표.
선생님	다 같이 좌표라는 단어를 손으로 짚어볼까?

에르난데스 선생님은 팀과 나머지 학생들에게 계속해서 질문을 이어갔고, 학생들은 깃발마다 좌표를 표시한 다음 지도 위에 올려놓았다. 이후 10분 동안 에르난데스 선생님은 학습자 개개인의 이해도 정보를 수집하고, 질문이나 자극으로 학생들을 촉진하거나 단서를 제공하면서 이해를 더욱 명확히 했다. 길잡이 정보와 단서가 효과적이지 않을 때는 추가적인 내용을 직접 설명하고 시범을 보였다. 이와 같은 안내식 지도가 이루어지는 동안, 학생들은 학문적 용어(예: 좌표)를 사용하여 토론에 참여했으며 교사가 가르치는 개념들을 더 깊이 이해하게 되었다.

1997년 캐슬린 호건(Kathleen Hogan)과 마이클 프레슬리(Michael Pressley)는 관련 논문을 검토하고 요약하여 스캐폴딩 수업의 8가지 핵심요소를 다음과 같이 규정했다. 이중 몇 가지가 지금까지 살펴본 내용에 해당하는지 살펴보자.

- **수업을 시작하기 전, 학생이 교육과정에 관심을 가질 수 있도록 유도하라**
  교사는 교육과정의 목표와 학생의 요구를 고려하여 적합한 과제를 선택한다.

- **공동의 목표를 수립하라** 교사가 학생들과 수업목표를 함께 계획할 때, 학생들은 더욱 의욕이 생겨서 학습과정에 더 많은 시간과 노력을 쏟게 될 것이다.

- **학생의 요구와 이해를 적극적으로 진단하라** 학생들이 발전하고 있는지 판단할 수 있으려면 교사는 학습내용에 대한 지식이 풍부해야 하며 학생들을 파악하는 데 민감해야 한다(예: 학생의 배경지식 및 오개념 파악).

- **맞춤형 지원을 제공하라** 여기에는 단서나 길잡이 정보, 질문, 시범 보이기, 말하기, 토론 등이 포함된다. 교사는 이러한 전략들을 필요에 따라 사용하고 학생들의 필요에 맞게 조정한다.

- **목표를 계속 추구하라** 교사는 칭찬과 격려뿐만 아니라 질문을 하고 이유나 근거에 대한 설명을 요구하면서 학생들이 목표에 집중할 수 있도록 유도해야 한다.

- **피드백을 제공하라** 학생들이 자신의 학습진전도를 모니터링할 수 있도록 학생 개개인의 현재 진전도를 요약하고, 학업적 성공에 도움이 되는 것들을 명확히 전달한다.

- **좌절과 위험을 통제하라** 교사는 대안을 시도하도록 격려하고, 학생들이 학업적 위기를 겪더라도 부담을 느끼지 않도록 자유로운 분위기를 조성한다.

- **다양한 상황과 맥락에서의 일반화, 내면화, 독립성을 지원하라** 교사는 학생들이 과제를 시작하거나 완성할 때 외적 요인에 덜 의존하도록 유도해야 하며, 다양한 상황이나 맥락 속에서 과제를 연습할 기회를 제공해야 한다(Larkin, 2002).

표5.3 안내식 지도 순서도

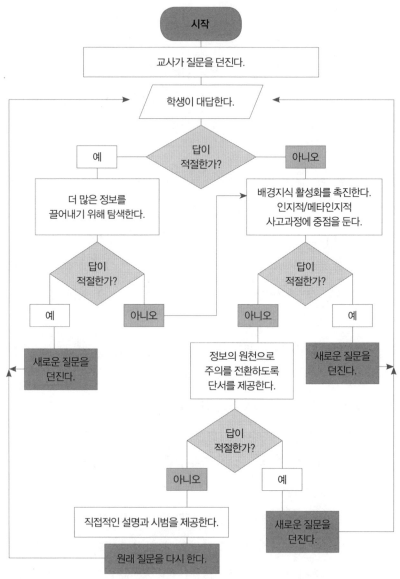

시작

교사가 질문을 던진다.

학생이 대답한다.

답이 적절한가?

예 / 아니오

더 많은 정보를 끌어내기 위해 탐색한다.

배경지식 활성화를 촉진한다. 인지적/메타인지적 사고과정에 중점을 둔다.

답이 적절한가?

예 / 아니오

답이 적절한가?

아니오 / 예

새로운 질문을 던진다.

정보의 원천으로 주의를 전환하도록 단서를 제공한다.

새로운 질문을 던진다.

답이 적절한가?

아니오 / 예

직접적인 설명과 시범을 제공한다.

새로운 질문을 던진다.

원래 질문을 다시 한다.

출처:「Identifying instructional moves during guided learning(안내식 지도 과정에서의 교수적 조치)」 (Fisher & Frey, 2010)「The Reading Teacher」, 64권(2호). 저작권은 International Reading Association 에 있으며 승인을 받아 게재(www.reading.org)

교사의 스캐폴딩 활용에는 분명한 목적이 있어야 하며, 학습에 대한 책임이 이양되는 수업모델을 따라야 한다. 〈표 5.3〉은 안내식 지도 과정에서 교사의 의사결정 순서를 나타낸 도식이다. 수업에서는 즉흥적인 상황이 많이 벌어지기 때문에 이 순서도를 고정된 템플릿으로 받아들여서는 안 된다. 다만 인지적 책임의 주체가 교사에서 학습자로 어떻게 전환되는지 보여주는 지도가 될 수는 있다. 다음 부분에서는 안내식 지도 과정의 사례들을 좀 더 자세히 살펴볼 것이다.

안내식 지도에서의 스캐폴딩

스캐폴딩(scaffolding)의 사용은 안내식 지도의 특징이다. 풍부한 지식을 가진 성인의 안내가 학생의 학습능력을 향상시킬 수 있다는 개념은 심리학자 레프 비고츠키(Lev Vygotsky)의 연구로 거슬러 올라간다. 비고츠키의 근접발달영역(zone of proximal development, ZPD) 이론은 수십 년 동안 교육현장에 영향을 미쳤다. 비고츠키는 학습자가 혼자 할 수 있는 영역과 성숙한 어른의 안내를 받아 할 수 있는 영역 사이의 이론적 공간을 근접발달영역이라고 설명했다. 데이비드 우드(David Wood), 제롬 브루너(Jerome Bruner), 게일 로스(Gail Ross)는 이런 어른의 안내를 스캐폴딩 개념으로 기술한 최초의 학자들이다(1976). 이들은 엄마와 영유아의 상호작용을 광범위하게 관찰하면서 초기 연구의 기틀을 확립했다. 연구진들은 아이의 학습을 전적으로 주도하진 않으면서도, 그 과정에 세심하게 반응하는 엄마들의 능력에 깊은 인상을 받았다. 아이들이 블록 쌓기 같은 과제를 시도했을 때, 그 성패에 따라 엄마는 다음 단계에 무엇을 해야 할지 판단했다. 아이가 성공하지 못하면 엄마는 더욱 분명하고 뚜렷한 도움을 제공했고, 아이가 과제를 완수하면 새로운 과제를 제시했다. 어떤 경우든 아이에게는 스캐폴딩 기반의 지원과 안내뿐만 아니라 격려의 말도 전해졌다.

이와 비슷한 상황은 교실 밖에서 수없이 목격할 수 있다. 예를 들어 처음 운전을 배웠던 때를 떠올려보자. 당신은 조수석에 앉은 성인 강사로부터 차량 주행에 필요한 구성요소(자동차 키, 백미러, 사이드미러, 액셀, 브레이크 등)를 정확하게 식별하는 법을 배웠다. 안전벨트를 매고, 백미러와 사이드미러를 조정하고, 키를 돌려야 한다는 설명도 들었다. 가끔씩 강사는 당신이 제대로 이해했는지 확인하기 위해 질문을 던지거나, 다음 단계에 할 일을 설명해보라고 요구하기도 했다. 당신이 차를 후진 모드에 놓고 진입로에서 내려와 차도로 나가려고 할 때, 강사는 보행자와 차량 확인을 위해 백미러와 사이드미러를 체크하라고 다시 한 번 지시했을 것이다. 운전대를 직접 잡는 행위는 운전을 배우는 과정에서 중요한 단계에 해당한다. 바로 그 지점에서 복합적 행동을 수행하는 데 필요한 지식들을 통합하기 시작하기 때문이다.

리딩 리커버리(Reading Recovery) 수업을 담당하는 교사들은 이러한 과정에 어울리는 적합한 표현을 알고 있다(리딩 리커버리란, 읽기 부진을 겪는 1학년 학생들에게 제공되는 교수적 개입이다). 교사들은 학생들이 스킬과 개념을 얼마나 '분주하게' 적용하는지 관찰하는 것이 그들의 교육적 실천이라고 설명한다. 책 읽기를 막 시작한 어린 학생들은 페이지 위에 난해하게 적혀 있는 말들을 읽어내기 위해 문자-소리 관련성, 통사론, 의미론 체계 등의 단서를 조직화하여 문자와 소리로 옮긴 다음, 다시 그 문자와 소리를 단어와 문장으로 전환하여 해석하느라 바쁘다. 마찬가지로 수학에 입문한 학습자들 역시 덧셈을 배우면서 산술능력, 숫자 세기, 수열 등 자신이 알고 있는 모든 내용을 조직화해야 한다. 읽기를 배우든, 수학을 배우든, 또는 운전을 배우든 상관없이 모든 학습자에겐 배운 내용을 마음 놓고 연습해볼 수 있는 다양한 환경과 기회가 주어져야 한다.

다음은 안내식 지도에서 가장 대표적인 스캐폴딩 기법들이다.

- 이해도를 파악하기 위해서 **철저하고 빈틈없는 질문**을 한다.
- 배경지식, 절차적 지식, 성찰적 지식, 발견적 지식을 활성화하기 위해서 **인지와 메타인지를 촉진할 수 있는 질문**을 제공한다.
- 정보의 원천으로 학습자의 주의를 전환하기 위해서 **단서**를 제공한다.
- 학습자가 과제를 성공적으로 완수하지 못할 경우 **직접적인 설명과 시범**을 제공하여 재교육한다(Fisher & Frey, 2010).

종합하면, 스캐폴딩 기법을 사용한 안내식 지도는 현재 알고 있는 것과 학습해야 할 것을 이어주는 가교 역할을 하기 때문에 형성평가에서 없어서는 안 될 중요한 요소다. 또 학습자의 적극적인 참여도 수업목표를 달성하는 데 꼭 필요한 조건으로 여겨진다.

이해도 파악을 위한 철저하고 빈틈없는 질문

안내식 지도는 이해도를 파악하는 질문으로 시작한다. 4장에서 논의한 대로, 이해도 파악은 '어떻게 하고 있는가?'라는 문제를 다룬다. 교사는 제한된 시간 안에 학생이 무엇을 알고 무엇을 모르는지 판단해야 한다. 이 판단이 형성평가의 핵심이자 안내식 지도의 출발점이다.

우리는 스캐폴딩의 숨은 의도를 강조하기 위해 이런 질문들을 '철저하고 빈틈없는 질문(robust question)'이라고 부른다. 때때로 질문은 "선생님 머릿속에 뭐가 들어 있는지 맞춰볼래?" 같은 식의 테스트처럼 들릴 수도 있다. 실제로 질문하기 전략에 대한 평가는 다소 엇갈린다. 코트니 카즈든(Courtney Cazden) 등은 교실 담화의 가장 일반적인 관행이 질문시작(Initiate)-대답(Respond)-평가(Evaluate), 즉 IRE 모델이라고 밝혔다(1988). 이런 교사 주도의 접근법은 학생이 특정한 방식으로 생각하는 이유를 탐색하는 것이 아니라, '정확한' 답변을 요구하는 것처럼 보인다.

교사	금의 화학기호가 뭐지?(질문)
학생	Au.(대답)
교사	좋아.(평가) 수은은 화학기호로 어떻게 나타내지?(질문)

IRE 모델의 특징을 보여주기 위해 다소 극단적인 형태의 질문을 선정했지만, 어쨌든 이 경우 교사의 질문에는 오직 하나의 정답만 존재한다. 이런 유형의 질문은 논의거리가 분명히 존재함에도 불구하고

단일 질문으로 끝나기 때문에 자연스럽게 논의의 여지는 사라져버린다. 더구나 위의 사례에서는 교사가 곧바로 수은과 관련된 질문으로 옮겨가면서 추가 논의의 가능성을 차단해버렸다. 위의 대화가 교사의 반응에 따라 어떻게 달라지는지 다시 한 번 살펴보자.

교사 금의 화학기호가 뭐지?

학생 Au.

교사 좋아. 금에 관해서 좀 더 이야기해보자. 우리는 금을 귀금속으로 알고 있는데, 그 이유가 뭘까? 금의 어떤 특성 때문에 사람들이 그렇게 귀중하게 생각하는 걸까?

학생 음, 예쁘니까요.

교사 틀린 말은 아니지만, 그렇게 설명할 수 있는 금속들은 많아. 철이나 구리처럼 말이야. 조금 부족하지만 그래도 금의 특성에 거의 근접했어. 네가 방금 말한 건 보석을 뜻하는 거지, 그렇지?

학생 네, 제가 지금 하고 있는 금으로 된 장신구 같은 거요.

교사 자, 그 부분을 얘기해보자. 철도 예쁠 수 있지만, 철로 만든 보석은 많이 못 봤을 거야. 무엇 때문에 금이 보석에 적합한 걸까?

학생 음, 형태를 잡기 쉬워서요.

교사 그렇지! 이럴 때 우리는 '가단성'이라는 용어를 사용한단다. 금은 유연해서 어떤 모양이든 만들기 쉽지만, 한편으로는 단단해서 성형이 완성된 후에는 그 형태가 쉽게 변형되지 않아. 계속 생각해보자. 또 어떤 특징 때문에 우리가 금을 귀하게 여기는 걸까?

　교사는 테스트를 목적으로 질문하지 않았으며, 학생들의 오개념과 불완전한 이해에 대해 파악하고자 노력했다. 학생들은 금에 대해서 많은 정보를 갖고 있진 않았지만, 주기율표에서 금과 다른 원소들 간의 차이점은 조금 알고 있었다. 교사는 학생들이 아는 것과 모르는 것을 확인하기 위해 '철저하고 빈틈없는 질문'을 활용했고, 확인된 정보를 가지고 다음 단계에서 무엇을 하고 어떻게 얘기할지 판단했다.

　질문에는 다양한 유형이 있다. 연구자들은 이를 '생산적(productive) 질문'과 '재생적(reproductive) 질문'을 포함하여 몇 가지 범주로 체계화했다. 생산적 질문은 정보를 종합하고 평가해서 새로운 아이디어를 창출해내도록 학생들을 유도한다. 반면에 재생적 질문은 학생들에게 정보를 인식하고 떠올릴 것을 요구한다. 두 가지 질문 모두 중요하다. 다만 어느 한쪽으로 지나치게 치우치지 않도록 주의해야 한다. 교사들의 질문 습관을 조사한 연구에 따르면, 학생들에게 제시되는 질문의 76퍼센트가 재생적 질문으로 밝혀졌다. 데이터를 추가로 분석한 결과, 질문의 유형을 달리하여 제시하는 능력은 교사의 경력과 관련이 있는 것으로 드러났다. 경력 4년 미만의 초임교사의 경우 전체 질문의 85퍼센트가 재생적 질문이지만, 4년 이상의 경력을 가진 경험 많은 교사들은 그 비율이 68퍼센트에 그쳤다(Tienken, Goldberg, & DiRocco, 2009). 재생적 질문이 너무 많을 때 발생하는 가장 큰 문제는 스캐폴딩이 회상(recall)과 재인(recognition)으로 국한된다는 점이다.

흥미로운 질문을 해야 더 흥미로운 스캐폴딩을 제공할 수 있다. 교사와 학생의 금에 대한 대화로 돌아가보자. 아래의 질문들 중에서 한두 가지를 골라 대체해보면 어떨까?

- "무엇 때문에 금이 사람들 사이에서 그토록 귀해졌을까?"
- "왜 사람들은 수은으로 보석을 만들지 않을까?"
- "금의 원자구조를 볼 때 일부 원소들과의 결합은 가능하지만 그 외의 원소들과는 불가능하다. 금과 결합할 수 있으려면 원소가 어떤 특성을 지녀야 할까?"

이중 어떤 질문이든 학생들이 무엇을 알고 무엇을 모르는지 선명하게 보여줄 것이고, 학생의 답변을 들은 교사는 다음에 무엇을 학습해야 하는지 피드백을 전달할 수 있을 것이다. 질문 자체가 '좋다'거나 '나쁘다'는 의미가 아니다. 정확히 말하자면, 교사의 질문 범위가 제한될 때 가르치는 능력 또한 제한된다. 따라서 다양한 질문의 유형을 잘 아는 것이 수업관행을 개선하는 데 필요한 첫 단계라고 할 수 있다.

안내식 지도에서 질문의 유형

질문은 다양한 목적으로 사용될 수 있다. 안내식 지도에서 질문이란 추가적인 스캐폴딩을 위한 진입점과 같다. 다음은 가장 일반적이고 자주 사용되는 질문의 유형을 6가지 범주로 정리한 것이다. 여기서 초점은 질문의 의도, 특히 교사가 무엇을 밝혀내고자 하느냐다.

1. **유도질문(Elicitation question)**은 배경지식과 선행경험을 포함하여 이전에 학습한 정보를 끌어낸다. 예를 들어, 1학년 담당인 콜럼버스(Columbus) 선생님이 "얼룩말에 대해서 여러분이 알고 있는 내용을 말해볼까?"라고 질문하면, 학생들은 그 전 주에 동물원에 견학 가서 획득한 정보에 접근하게 된다. 교사는 학생들이 아는 것과 모르는 것을 판단하기 위해 학생들이 대답한 내용의 정확성과 깊이를 바탕으로 더욱 철저하고 빈틈없는 질문을 제기할 수 있다.

2. **정교화 질문(Elaboration question)**은 유도질문 뒤에 이어지는 질문으로, 학습자의 생각을 확장시키는 것이 목적이다. 질문에 대한 학생들의 답변은, 특히 유치원과 초등학교 수준에서 언어발달을 보여주는 좋은 지표가 된다(Rice et al., 2010). 에드거라는 학생이 위의 유도질문에 대한 답변으로 "얼룩말은 얼룩덜룩해요"라고 말했고, 이어서 콜럼버스 선생님은 다음과 같은 정교화 질문을 던졌다. "좀 더 자세히 말해줄 수 있을까?"

3. **명확화 질문(Clarification question)** 역시 학생들에게 추가적인 정보 제공을 요구한다. 다만 정교화 질문과 달리, 명확화 질문은 답변의 모호성에 주목한다. 에드거와 같은 모둠에 있는 가브리엘라가 에드거의 말에 맞장구를 치면서 "얼룩말은 모두 선이 있어요"라고 말했다. 그 대답을 들은 콜럼버스 선생님은 이렇게 질문했다. "'모두 선이 있다'는 말이 무슨 뜻인지 잘 모르겠구나. 네가 한

말을 이해할 수 있게 직접 줄을 한번 그려볼래?" 질문을 받은 가브리엘라는 자신이 말한 것을 명확하게 설명하려는 의욕이 샘솟았다.

4. **확산적 질문(Divergent question)**은 학습자가 이해한 것을 통합할 수 있도록 다양한 정보의 원천으로 이끈다. 콜럼버스 선생님은 지난 시간에 얼룩말의 주요 포식자인 사자가 색맹이라는 사실을 가르쳤는데, 학생들이 이러한 사전지식과 함께 얼룩말에 대한 정보를 어떻게 활용하는지 확인하고 싶었다. 그래서 얼룩말의 줄무늬에 관한 모둠토론이 끝난 후 이렇게 질문했다. "얼룩말에 줄무늬가 있는 이유는 사자로부터 몸을 숨기기 위해서라고 하던데, 검은색과 하얀색 줄무늬는 눈에 너무 잘 띄는 것 같아. 어떻게 이 줄무늬가 사자를 속이는 훌륭한 변장술이 될 수 있을까?"

5. **발견적 질문(Heuristic question)**은 학생들이 형식에 얽매이지 않고 마음껏 문제해결 능력을 발휘할 것을 요구한다. 콜럼버스 선생님이 발견적 질문을 사용하는 방식을 보자. 먼저 학생들에게 아프리카 대초원에 떼지어 있는 얼룩말의 모습이 담긴 흑백사진 한 장을 보여주는데, 이는 사자의 눈에 비치는 풍광과 유사하다. 그리고 질문한다. "여기 얼룩말이 정말 많은데, 어디서부터 어디까지인지 알 수가 없어. 어떻게 셀 수 있을까?" 가브리엘라는 머리와 꼬리의 개수를 세겠다고 했고, 에드거는 윤곽을 하나하나 확인하겠다고 말했다. 모둠의 또 다른 학생은 머리와 꼬리의 개수를 세다 보면 마릿수가 너무 많아질 수도 있다고 얘기했다. 이처럼 학생들 모두가 자신의 경험과 직관을 활용해서 문제를 해

결하고자 했다.

6. **성찰적 질문(Reflective question)**은 다양한 의견과 추론을 유도한다. 콜럼버스 선생님은 안내식 지도를 마무리하면서 이렇게 말했다. "우리 옆 반이 다음주에 동물원에 갈 예정이래요. 그 반 친구들이 동물원에 가기 전에 얼룩말에 대해서 어떤 정보를 알면 좋을까?" 물론 이런 질문에는 정해진 답이 없지만, 교사가 질문을 한 목적 은 학생들의 메타인지적 사고 능력을 관찰하기 위해서였다.

수업 전에 질문사항을 미리 준비하면 다양한 정보를 파악하는 데 도움이 된다. 질문 유형별로 문제은행을 적어도 하나씩 만들어두면 수업을 진행하면서 어떤 질문을 사용했는지 기억할 수 있다. 철저하 고 빈틈없는 질문은 학생들의 이해도를 파악하기 위해 사용된다. 이 때 학생들의 대답은 그들이 아는 것과 모르는 것을 판단할 수 있는 예 비 형성평가의 기회를 제공한다. 학생들에게 오개념 및 불완전한 이 해가 나타나면, 이제 길잡이 정보 제공 전략이 전면에 등장할 때다.

인지와 메타인지를 위한 길잡이 제공

안내식 지도와 관련해서 가장 중요한 것은 의도(intention)다. 철저하 고 빈틈없는 질문이 평가를 위해 사용된다면, 길잡이 제공은 학생들 이 인지적 또는 메타인지적으로 행동하도록 유도하기 위한 것이다. 길잡이는 진술문이나 질문의 형태로 제공되고, 학생들은 이를 통해 반응에서 실행 단계로 나아간다. 길잡이는 다시 인지적인 것과 메타인지적인 것으로 나뉜다. 인지적 길잡이는 정보를 도출하고, 메타인지적 길잡이는 학습활동을 전면으로 끌어낸다. 구체적으로 인지적 길잡이는 학생들이 주어진 상황에서 적절한 배경지식과 절차적 지식을 적용하게 만들고, 메타인지적 길잡이는 성찰적으로 사고하도록 유도한다.

길잡이 제공이 중요한 까닭은 학습자가 문제해결을 위해 유의미한 정보들을 식별해내는 데 도움이 되기 때문이다. 앞서 논의한 대로, 초보자는 중요한 것과 중요하지 않은 것에 대한 판단이 그렇게 능숙하지 않지만 전문가는 자신에게 필요한 정보가 무엇인지 정확하게 알아본다. 초보 학습자들은 문제해결에 필요한 정보를 효율적으로 수집하지 못한다. 길잡이 제공은 이런 학습자들이 관련 정보를 모으고 적용할 수 있도록 돕는다.

배경지식 길잡이 제공

이 기법은 학생들이 이전 학습에서 배운 내용을 끌어내도록 유도한다. 이때 지난 수업내용 중 뭔가를 떠올린 학생은 '아, 맞다!'라는 탄성을 내뱉는다. 그동안 수업시간에 우리가 수도 없이 목격해온 장면 아닌가. 배경지식 길잡이란, 질문에 답하기 위해서는 기존에 배운 내용을 활용하면 된다는 것을 학생들에게 일깨우는 전략이다. 게티즈버그 연설에 관해 학생과 교사가 주고받은 대화를 살펴보자.

교사	이 짧은 연설은 역사상 가장 위대한 연설 중 하나로 평가되고 있고, 여러 신문에도 실렸어. 이 연설의 핵심주제가 무엇일까?(유도)
학생	투쟁을 할 때는 모든 사람이 뭉쳐야 한다는 것, 마치 서로 가족처럼 합심해야 한다는 거예요.
교사	좀 더 자세히 말해볼까?(정교화)
학생	전쟁 등 이런저런 사건들이 있었어요.
교사	맞아, 그런데 나는 1863년에 일어났던 몇몇 사건이 떠오르는구나. 어제 우리가 논의했던 폭동에 대해서 생각해보렴.(배경지식 길잡이)
학생	[잠깐 생각하더니 뭔가 떠오른 듯] 아, 맞아요. 뉴욕에서 폭동이 일어났어요. 그걸 뭐라고 불렀죠? 징병거부 폭동. 사람들은 군인이 되는 것을 원치 않았는데 부자들이 돈으로 면제권을 샀기 때문이에요.
교사	맞아, 그리고 징병거부 폭동은 게티즈버그 전투 직후에 일어났어. 자, 이 폭동에 대해 네가 알고 있는 내용을 고려해서 연설문을 다시 생각해보자. 링컨 대통령은 왜 국민의 협력을 주장하고 싶었을까?(배경지식 길잡이)

과정과 절차의 길잡이 제공

학생들은 주어진 과제를 완수하는 데 필요한 단계를 순차적으로 설명할 수 있도록 다양한 과정과 절차를 배운다. 이항식 곱셈을 할 때 사용하는 FOIL 계산법이나 글쓰기 프로세스에서 요구되는 단계가 이에 해당한다. 보닌 선생님은 생물수업을 듣는 학생들이 불가사리를 해부할 때 해당 과제를 완수할 수 있도록 절차 길잡이 제공 전략을 사용했다.

> **선생님** 가장 먼저 무엇을 해야 할지 생각해보자.**(절차 길잡이)**
>
> **브랜디** 불가사리를 잘 관찰해서 아랫면을 찾아야 해요.
>
> **선생님** 맞아, 그렇게 해서 표본의 위치를 정하는 거지. 그게 바로 첫 번째 단계란다. 다음 단계는 뭐지?**(절차 길잡이)**
>
> **스탠리** 벌릴 때 움직이지 않도록 핀으로 고정해야 해요.

보닌 선생님이 절차 길잡이를 제공한 덕분에 학생들은 복잡한 과제에 착수할 수 있었다. 학생들은 해부의 단계를 말로 설명할 수 있을 정도로는 알고 있었지만, 그 지식을 실행으로 옮기는 건 이번이 처음이었다. 배경지식 길잡이 제공과 절차 길잡이 제공은 모두 학생의 인지적 행동을 유도하기 위한 것이지만, 교사들은 경우에 따라 학생들이 스스로 학습내용을 인식하고 판단할 수 있도록 안내해야 한다. 즉, 메타인지를 위한 길잡이 제공 혹은 성찰을 위한 길잡이 제공을 통해 학생들은 실행을 위한 수단으로서 자신의 사고를 들여다보게 된다.

성찰 길잡이 제공

때때로 학생들은 현재의 배움에 비추어 자신이 이미 알고 있는 것을 파악하고 끄집어내어 활용해야 한다. 메타인지 학습은 이처럼 자기인식 능력을 기르기 위한 활동이다. 구체적으로 달성할 목표 적기, 교사와 학생 간 혹은 또래 구성원 간 일지 쓰기, 학습내용 보고하기 등이 이 활동에 포함된다.

일례로 3학년 담당인 와서만(Wasserman) 선생님은 매일의 학습을 강화할 목적으로 하교 직전에 몇몇 학생들과 면담을 한다. 선생님은 더욱 적극적인 학습 참여를 장려하기 위해 성찰 길잡이를 제공한다. 어느 날 에밀리와 대화를 나누던 와서만 선생님은 에밀리가 아메리칸 인디언 트릭스터 이야기(American Indian Trickster Tale, 미국 원주민 문학에 등장하는, 초능력을 지닌 신화적 존재에 관한 이야기-옮긴이) 수업에서 소개했던 내용을 제대로 이해하지 못했다는 사실을 알게 됐다. 와서만 선생님은 이해도를 파악하기 위해 인지적 촉진 활동으로 몇 분 동안 질문을 했고, 덕분에 에밀리의 이해수준은 훨씬 나아졌다. 성찰을 촉진할 길잡이로 "이전에 네가 몰랐던 것이 무엇인지 지금은 알겠니?"라는 질문도 던졌다. 에밀리는 이제 트릭스터 이야기는 주 초반에 읽었던 인디언 전래동화(pourquoi story)와 다르다고 대답할 수 있다. 그리고 이야기를 읽을 때 무언가의 기원을 어떻게 설명하고 있는지 알아내는 것보다 이야기 속 교훈을 찾아봐야 한다는 걸 알게 됐다는 말도 할 수 있다.

자기 발견 길잡이 제공

체육을 가르치는 클라크(Clarke) 선생님은 학생들의 기량을 향상시키기 위한 훈련 과정에서 자기 발견을 촉진하는 길잡이를 꽤 자주 활용한다. 축구 단원을 가르치면서 클라크 선생님은 직접 시범을 보이며, 7학년 학생 마르타에게 좌측에서 공을 찰 때 공에 접근하는 방식을 눈여겨보라고 지시했다.

선생님 발끝으로 공을 차려고 하더구나. 왜 그 방법이 효과가 없다고 했는지 기억나니?**(유도)**

마르타 닿는 면적이 너무 좁아서요. 공이 다른 방향으로 갈 수 있어요.

선생님 맞아. 하지만 공을 차는 순간에 그걸 기억하기란 쉽지 않은 것 같아. 그래서 나는 축구화에 공이 닿아야 하는 부분에 별을 그려 표시해놓곤 했단다. 너는 어떻게 하면 잘 기억할 수 있겠니?**(자기 발견을 촉진하는 길잡이 제공)**

마르타 [잠깐 생각한다] 슛 직전에 "발 안쪽으로 공을 차!"라고 혼잣말을 하면 어떨까요?

인지와 메타인지를 위한 길잡이 제공은 학생들이 새로운 결론에 도달하기 위해 정보를 전략적으로 활용할 수 있도록 유도한다. 그러나 길잡이 제공만으로 항상 충분한 것은 아니며, 추가적인 스캐폴딩이 필요한 경우도 있다. 다음 단계의 스캐폴딩은 '단서 제시'라고 부른다. 단서는 학생들이 필요한 지식의 원천을 좀 더 신중하게 들여다볼 수 있게 한다.

주의전환을 위한 단서

단서(cue)를 제시하는 목적은 학습자의 주의를 정보의 원천으로 돌리기 위해서다. 단서는 좀 더 명시적으로 학습자가 따라야 할 방향을 제공한다는 점에서 길잡이 제공과 다르다. 단서는 학생들에게 정답을 알려주지 않는다. 대신 정답에 도달하기 위해 가야 할 길을 알려준다.

여기서 주의전환(shifting attention)이라는 개념이 중요한데, 이 개념은 스포츠 방송을 중계하는 '전문 해설가'를 상기시킨다. 동계올림픽 기간 동안, 낸시는 스노보드 경기를 정말 재미있게 시청했다. 처음에 낸시는 스노보드라는 종목에 익숙하지도 않았고, 알고 있는 스포츠 용어도 많지 않았다. 심지어 무엇을 봐야 하는지도 몰랐다. 낸시가 보기에는 그저 많은 사람들이 눈 위에서 잽싸게 움직이다가 공중을 휙 하고 나는 것 같았다. 관중들의 반응이 약간 도움이 되긴 했지만, 환호성과 탄성이 너무 늦어질 때도 있어서 방금 무슨 일이 일어났는지 알아차리기 어려웠다. 그런데 선수들의 경기 모습을 조목조목 설명해주는 전문 해설가 덕분에 낸시는 중요한 동작들에 주목할 수 있었다. 해설가가 동작의 난이도를 설명하는 동안 슬로모션으로 영상이 재생되자 낸시는 선수가 몇 바퀴를 회전하는지 확인할 수 있었다. 나중에는 스노보드라는 스포츠와 스노보드 선수들을 감탄하며 바라보게 되었다. 선수가 공중에서 '더블 맥트위스트(Double McTwist) 1260' 기술을 구사했을 때 해설가는 텔레스트레이터(Telestrator)라는 영상장치를 활용하여 정지화면에 선을 그어가며 동작 하나하나를 설명했다. 그걸 본 낸시는 이 선수가 두 번의 플립과 세 바퀴 반의 회전을 했다는 것을 알 수 있었다. 전문가가 초보자에게 가장 중요한 부분을 짚어준 것이다.

이와 비슷한 방식으로 교사는 학생들에게 학습활동에서 가장 중요한 부분을 알려줄 수 있다. 예를 들면 본문의 한 구절을 강조하거나 수학문제에서 실수한 부분을 짚어주는 등 방법은 여러 가지다. 철저하고 빈틈없는 질문과 마찬가지로, 단서 역시 안내식 지도를 진행하면서 제공할 수 있는 스캐폴딩이다. 단서는 학습에 대한 인지적 책임의 일부(전부는 아님)를 학습자에게 돌려준다. 교실현장에서 사용되는 단서들은 다양하다. 언어적 단서를 줄 때 몸짓이 동반되는 것처럼 많은 단서들이 짝을 이루어 제공된다.

시각적 단서

시각적 단서는 중요성을 부각시키기 위해 색상, 빛 또는 그래픽을 사용한다. 시각적 단서의 예는 학생들이 사용하는 교과서의 곳곳에 등장한다. 다른 내용과 구분되도록 굵은 글씨로 나타내거나 가끔은 다른 색으로 인쇄하기도 한다. 학생들은 중요한 부분에 형광펜을 칠하기도 하고, 해당 페이지에 포스트잇을 붙여 기록하거나 책갈피로 표시해둔다. 대부분의 시각적 단서들은 텍스트 기반이지만, 그림이나 색상 또는 상징을 사용하는 시각적 단서도 있다. 예를 들어, 화장실 문에는 그래픽 형식의 팻말이 표시되어 있다. 신호등은 색을 활용하여 언제 멈추고 언제 가야 할지 신호를 보낸다. 교과서 옆면에 표시되어 있는 기호는 몇 학년을 위한 책인지 한눈에 알아볼 수 있게 한다.

다음과 같은 시각적 단서의 예를 살펴보자. 활동지를 풀다가 막혀 버린 토리에게 담당 선생님은 토리가 순서대로 단계를 밟아갈 수 있도록 주요 용어에 밑줄을 그었다. 댄은 읽은 책에서 정보를 찾는 데 어려움을 겪는 학생이다. 그래서 영어선생님과 함께 포스트잇에 관련 정보를 작성한 다음 해당 페이지에 붙였다. 새 고등학교에서 자꾸 길을 잃어버리는 제니퍼에게 생활지도 선생님은 수업시간표를 보고 동관 건물에서 받는 모든 수업에 동그라미를 쳐주었다.

언어적 단서

이러한 단서들은 단독으로 사용해도 되고 다른 단서들과 함께 쓸 수도 있다. 언어적 단서는 언어 자체에 관한 것이라기보다 언어와 함께 전달되는 말의 속도, 억양, 표현, 강조 등을 의미한다. 경우에 따라 언어적 단서는 단순한 반복이 될 수도 있다. 학생에게 방금 말한 것을 여러 번 되풀이시킴으로써 진술문에 집중하도록 유도할 때가 그렇다.

언어적 단서를 줄 때 교사의 태도가 냉소적이어선 안 된다. 듣는 사람이 메시지에 온전히 집중할 수 있도록 친절하게 전달해야 한다. 예를 들어, 토리가 활동지를 풀다가 난관에 봉착했을 때 교사는 "먼저 **여기**를 풀어보렴"이라고 말하면서 해당 내용이 포함된 섹션의 제목에 밑줄을 그었다. 댄의 영어선생님은 안타고니스트(antagonist, 극중 주인공과 대립관계에 있는 인물-옮긴이)를 소개하는 내용을 메모지에 작성한 다음 천천히 댄에게 건네면서 "이 메모를 어디에 붙이느냐 하면⋯⋯"하고 말하며 일부러 말끝을 길게 늘였다. 생활지도 선생님은 제니퍼의 수업시간표에 강의실 번호를 표시해주면서 이렇게 말했다. "여기에 표시한 강의실은 모두 동관에 있어. 나머지 강의실은 서관에 있단다."

몸짓

아마도 교실에서 가장 많이 사용되는 단서는 몸짓일 것이다. 몸짓은 흔한 단서임에도 불구하고 관련 연구는 거의 없는 편이다. 그러나 시기적절하고 의미 있는 몸짓이 과학(Ping & Goldin-Meadow, 2008)이나 수학(Arzarello, Paola, Robutti, & Sabena, 2009) 같은 과목에서 다양한 개념형성을 촉진한다는 증거가 있다. 발화 내용과 일치하는 효과적인 몸짓은 제2언어 학습의 표지(marker, 화자의 상태, 의도, 감정 등을 효과적으로 전달하기 위한 것으로 언어적 표지와 비언어적 표지가 있음-옮긴이)로 간주된다. 화산폭발을 논의하면서 양손을 들어 올리거나, '아주 작다(tiny)'라는 단어에서 엄지와 검지를 밀착시키는 등 개념을 설명할 때 몸짓을 함께 사용할 수 있다. 그 외에 칠판 위의 문장을 가리키는 것처럼 위치를 알려주는 몸짓 단서도 있고, 음악교사가 손을 들어 올려 오케스트라에 정지신호를 주는 것처럼 특정 동작을 활용한 몸짓 단서도 있다.

신체적 단서

아주 어린 학생들의 경우에는 몸짓을 정확하게 해석하지 못할 수도 있다. 특히, 개념을 표현하려는 몸짓은 이해하기가 더 어렵다. 이럴 때 교사는 신체적 단서를 활용해서 주의집중을 좀 더 직접적으로 유도한다. 예를 들면, 속도를 조절하면서 책을 읽으라는 표시로 학생의 손등을 톡톡 두드린다거나, 필기체를 배울 때 교사가 학생의 손을 감싸 쥐고 글자쓰기 연습을 시키는 방법 등이 대표적이다. 그러나 이러한 유형의 단서는 신체 접촉이라는 이유로 고학년 학생들에게는 일반적으로 사용되지 않는다.

환경적 단서

단서의 마지막 유형은 교실환경에서 찾아볼 수 있다. 대개 교실 벽면은 학습자료 같은 여러 정보들로 채워져 있다. 어휘 차트, 단어 벽(word walls), 블록이나 막대 같은 조작교구 등이 전형적인 환경적 단서에 해당한다. 환경적 단서를 효과적으로 활용하는 비결은 그것을 사용하는 대상 가까이에 두는 것이다. 일반적으로 유치원 교사들은 함께 읽기 활동을 진행할 때 학생들이 읽을 빅북(big book, 일반 그림책보다 판형을 2~3배 크게 제작한 책-옮긴이)을 이젤에 올려서 책상 근처로 옮겨놓는다. 바로 그곳에서 학생들이 옹기종기 모여앉아 이야기를 듣고 반응하기 때문이다. 'principle'이라는 단어의 철자를 어려워하는 학생은 교사가 교실 뒷면에 게시된 '틀리기 쉬운 단어 목록'을 가리키면 자신의 실수를 바로잡을 수 있다. 이것은 몸짓 단서와 환경적 단서가 함께 사용된 경우다.

노련한 교사는 길잡이 정보와 단서를 스캐폴딩으로 활용하여 학생들의 인지적 활동을 유도한다. 하지만 안내식 지도의 주요 목적을 잊어서는 안 된다. 즉, 수업내용 중 어느 부분에서 '막혔으며', 그에 대한 재검토나 재교육이 필요한지를 판단하기 위한 형성평가임을 명심해야 한다. 이 점을 염두에 두고, 경우에 따라서는 직접적인 설명이나 시범보이기가 필요할 수 있음을 기억하자.

혼동을 해소하기 위한 직접적인 설명과 시범

학생들이 한 번만 잘 배우면 교사는 다음 주제로 넘어가도 된다는 믿음에는 소박한 위안이 깃들어 있다. 물론 이러한 믿음은 망상이다. 안내식 지도는 학생들이 아는 것과 모르는 것을 밝혀주며, 교사는 길잡이 정보와 단서를 활용하여 학생들의 불완전한 이해를 해소할 발판을 제공해야 한다. 하지만 교사의 훌륭한 가르침과 학생의 충실한 노력에도 불구하고 학습은 단번에 일어나지 않는다. 이때 교사는 직접적인 설명을 제공하기 위하여 인지적 책임에 대한 권한을 한시적으로 다시 갖게 된다.

직접적 설명(direct explanation)을 직접 교수법(direct instruction)과 혼동해서는 안 된다. 비교하자면, 직접적 설명은 교사가 수업에 필요한 기법을 파악해서 시범보이기, 소리 내어 생각하는 씽크 얼라우드(think-aloud) 기법을 통해 무엇을 어떻게 해야 하는지 들려주기, 학생이 해당 기법을 제대로 활용하는지 모니터링하기 등에 중점을 둔다 (Alfassi, 2004).

안내식 지도와 관련해서 생각해보면, 수업에 필요한 기술은 이미 학생들에게 한 차례 이상 가르쳤지만 학생들이 성공적으로 구사할 만큼의 수준에 아직 도달하지 못했을 가능성이 크다. 예를 들어 악기 연주를 배워본 사람이라면 각 단계가 얼마나 중요한지 알 것이다. 유능한 피아노 교사는 "아니지, 이렇게!"라고 말하는 대신에 곡을 다시 연주한다. 그리고 다음 단계에 무엇을 할 것인지 설명한다("내가 이 부분을 연주해볼게. 내 손이 건반 위에서 어떤 모양이 되는지 잘 봐"). 교사는 올바른 손 모양을 시연하면서, 학습자가 제대로 하고 있는지 스스로 확인할 수 있도록 자신의 생각을 소리 내어 들려준다("손등을 약간 아치형으로 유지할 거야. 손가락 마디를 살짝 구부리면 유연성이 생기지"). 관련 기술을 시연한 다음 교사는 학습자에게 연주 기회를 주고 방금 가르쳐준 기술을 똑같이 해낼 수 있는지 관찰한다("자, 이제 네 차례야. 손 모양을 둥글게 유지해야 한다는 걸 기억하렴. 네가 악보를 보면서 연주하는 동안 나는 네 손을 볼 거야").

교실수업에서 이루어지는 직접적 설명도 마찬가지다. 다음의 예를 보자. 2학년을 가르치는 정(Chung) 선생님은 한 모둠의 학생들과 식물의 모세관 현상에 관한 과학실험을 완성해가는 중이다. 며칠 전 학생들은 물에 파란색 식용색소를 섞은 다음 하얀 카네이션을 꽂아두었다. 그리고 이틀에 걸쳐 변화 양상을 관찰하며 일지에 기록했다. 현재 카네이션의 꽃잎은 파란색이 되었고, 원래 녹색이었던 잎은 어둡게

물들었다. 수업에 앞서 선생님이 목적을 명확하게 설명했기 때문에 학생들은 이번 수업의 목적이 식물의 모세관 현상을 관찰하는 것임을 이해했다. 그런데도 이전에 하얀색이었던 꽃잎이 파랗게 변한 모습을 보고 학생들은 혼란스러워했다. 색소를 섞은 물이 물관을 통해 줄기를 타고 올라와 잎과 꽃잎으로 이동했다는 결론에 도달할 수 없었기 때문이다. 모세관 현상에 관한 길잡이 제공도 효과가 없었다. 과학교과서를 단서로 주어도 마찬가지였다. 고심 끝에 정 선생님은 종이타월을 들고 왔다.

"지금부터 모세관 현상을 활용한 또 다른 예를 보여줄게. 식물에 작용하는 원리와 똑같은 거란다. 종이타월을 활용하면 식물로 실험하는 것보다 모세관 현상이 더 빨리 일어나기 때문에 눈앞에 보이는 모습을 바로 너희들에게 설명해줄 수 있어." 선생님이 말했다. "잘 지켜보고, 모세관 현상이 어떤 원리로 일어나는지 확인하길 바란다."

선생님은 책상 위에 파란색 물을 조금 붓고 종이타월의 한쪽 귀퉁이를 물 표면에 닿게 했다. "물은 거의 건드리지도 않은 거 봤지? 자, 무슨 일이 일어나는지 살펴보자." 곧바로 파란색 물이 종이타월을 타고 번져나갔다. "가까이에서 보니 정말 확실하게 눈에 들어오네. 너희들도 좀 더 가까이 와서 보렴." 선생님이 말했다.

"와! 종이타월에 가느다란 선들이 보이고, 그 선들이 파란색으로 변하고 있어요. 점점 길어져요! 이 가느다란 선들은 종이타월을 구성하는 섬유라고 알고 있어요. 섬유들이 파란색 물을 계속 빨아들여서 종이타월 쪽으로 이동시키고 있어요."

그때 선생님이 타월의 한쪽 귀퉁이를 물속에 담갔다. "모세관 현상이 제대로 일어났구나." 선생님이 말했다. "이 가느다란 섬유들이 있어서 모세관 현상이 나타나는 거란다. 만일 이것들이 없다면 물이 이동하는 통로도 없으니까 모세관 현상이 발생할 수 없어."

마지막 단계에 이르러 선생님은 학생들에게 인지적 책임을 되돌려준다. "카네이션의 줄기를 자세히 살펴봤으면 좋겠구나. 종이타월의 섬유조직과 비슷하게 보이는 것을 찾아보자. 줄기를 꺾으면 더 잘 보인단다. 과학실험 키트에서 돋보기를 꺼내 사용해도 돼." 이제 학생들은 열정적으로 면밀한 관찰을 하게 되었다.

"실처럼 가느다란 선들이 보여요." 케빈이 외쳤다. "저도요! 파란색이에요!" 조안나가 말했다. 알렉산더는 "이게 바로 물을 빨아들이는 거예요. 이 가느다란 실 같은 것들이 종이타월에 있던 거랑 같아요"라고 의견을 말했다. 잠시 후 모둠의 학생들은 모세관 현상이 식물에서 어떻게 일어나는지 명확하게 이해했다.

"자, 이번엔 모세관 현상과 식물의 뿌리에 대해서 생각해보자. 뿌리에서도 똑같은 현상이 일어날까?" 선생님이 물었다. 이런 식으로 철저하고 빈틈없는 질문을 던지는 과정이 다시 시작됐다.

5장 요약 & 6장 미리보기

이번 장에서는 피드포워드에 대해 전반적으로 살펴보았다. 먼저 오개념과 오류 분석에 대한 논의로 시작했다. 이런 실수와 오류들은 학생들이 그동안 배운 것들 중 무엇을 알고 무엇을 모르는지, 그리고 어떻게 생각하는지를 보여준다. 교사는 다양한 지식을 활용하여 학생들의 실수를 분석한 뒤, 다음 단계에서 무엇을 어떻게 가르칠지 판단한다. 실수가 확인되어야 피드포워드 수업을 시작할 수 있다.

피드포워드 수업의 일환으로서, 교사는 이해도를 파악하기 위해 철저하고 빈틈없는 질문을 사용한다. 학생의 인지적 활동을 유도하기 위해 길잡이 제공이라는 기법도 활용한다. 길잡이는 인지적인 것과 메타인지적인 것으로 나뉘며, 길잡이 제공으로 오류를 해결하지 못할 때는 단서를 활용한다. 단서를 활용하는 목적은 학생들에게 정답을 알려주기 위해서가 아니라 그들이 놓친 정보를 알아차릴 수 있도록 돕기 위해서다. 길잡이와 단서라는 두 방법 모두 오류 해결에 도움이 안 된다면, 교사는 직접적인 설명에 기대어 학생들이 일정 수준까지 학습적 성공을 경험할 수 있도록 유도한다. 이러한 안내식 지도 프로세스는 학습된 무력감을 겪지 않도록, 즉 학생들이 답을 찾기 위해 교사에게 기대는 형국이 되지 않도록 예방한다.

다음 장에서는 형성평가와 수업 프레임워크를 접목시키는 방식을 살펴볼 것이다. GRR 수업 프레임워크의 실행, 구체적으로 이 프레임워크가 어떻게 교사들에게 학생의 요구를 다루기 위한 다양한 방안을 제공하는지 중점적으로 설명할 것이다. 그리고 수업을 개별화할 수 있는 방법과 형성평가 시스템의 구축 및 이행 과정에서 리더의 역할에 대해서도 논의한다.

THE
FORMATIVE
ASSESSMENT
ACTION
PLAN

형성평가
시스템의 구축

지금까지 형성평가 시스템에서 피드업, 피드백, 그리고 피드포워드에 대한 각별한 주의가 필요하다고 설명했다. 이 세 요소는 학생의 이해도를 세밀하게 파악할 수 있는 프로세스이자 교사의 행동을 안내하는 길잡이다. 이를 통해 교사는 학습자에게 학업적 성과를 알리고, 향후 어떤 내용을 수업에 추가할지 판단할 수 있다.

형성평가 시스템은 학생의 요구에 부응하여 개별지도가 가능한 수업 프레임워크를 토대로 할 때 가장 잘 작동한다(Fisher & Frey, 2007b). 이 같은 프레임워크가 없는 상태에서 교사들은 학생들의 요구를 해결할 시간적 여유가 없다. 정보전달을 위한 주요 수단으로 강의식 수업을 택하는 교사들을 한번 생각해보자. 수업시간에는 일단 열심히 설명한다. 수업의 목적도 명확히 설정하고 학생들의 이해도를 파악해서 피드백도 전달하지만, 학급 전체를 대상으로 다시 강의하는 것 말고는 달리 피드포워드를 시행할 방법이 없다. 학급 전체가 똑같은 수업내용을 다시 들어야 할 일은 거의 없기 때문에, 결국 이러한 수업 구조에서 형성평가 시스템은 가동되지 않는다. 으레 그래왔듯이, 일부 학생들은 수업에서 소외되어 학업을 못 따라가고 심지어 문제행동을 일으킬 수도 있다.

여기 적절한 사례가 하나 있다. 우리가 관찰했던 한 4학년 담당교사는 두 가지 기본적인 방법으로 수업을 구성했다. 전체 학생에게 설명하거나, 교사가 개별 학생을 도와주는 동안 학생들이 독자적으로 과제를 수행하거나, 둘 중 하나였다. 이 교사는 수업마다 명확하게 목적을 확립하고 학생들의 활동지나 그 외 과제를 평가하여 피드백을 전달했다. 학생의 성과에서 부족한 부분을 파악해서 개별 학습지도도 했다. 하지만 결국 이런 접근방식이 효과가 없다는 것을 깨달았다. 교사는 이렇게 말했다. "채점하는 데 많은 시간을 보내고 아이들 모두의 요구를 파악하려고 노력합니다. 그런데 평가와 개별지도를 할 시간이 늘 부족한 것 같아요. 더 나은 방법이 있어야 해요."

다행히 더 나은 방법이 있다. 수업 프레임워크를 실행하면 교사들은 평가정보를 활용하여 지도와 관련된 결정을 내릴 수 있다. 학생의 수행성과를 토대로 적절한 조치를 취하는 것, 바로 이것이 형성평가의 핵심이다. 형성평가는 개별 학생에게 도움을 줄 뿐 아니라, 뚜렷한 의도에 따라 역량과 자신감을 키워주는 방식으로 학생들의 요구를 충족시킨다.

교수법을 약간만 수정했는데도, 이 교사는 학생들의 성취도가 향상되는 것을 경험했으며 교사로서 만족감도 커졌다. 그렇다고 수업과 관련된 모든 것을 근본적으로 바꿀 필요는 없었다. 대신 학급전체, 모둠별, 학생 개인으로 구분하여 과제 수행을 안내했다. 교사는 여전히 성취기준과 기대수준을 충족해야 했고, 학생들의 현재 수행을 평가하고 관련 정보를 수집해야 했다. 그러나 수업 프레임워크를 채택하면서 데이터를 활용하여 적절한 조치를 내릴 수 있는 방법까지 알게 되었다. 이어서 설명하는 수업 프레임워크는 소모둠 지도, 생산적 모둠활동, 시범보이기 등이 포함된 수업 구조를 교사들에게 제공한다.

GRR 수업 프레임워크

학습에 대한 책임의 점진적 이양(gradual release of responsibility, GRR)을 표방하는 GRR 수업 프레임워크는, 인지적 활동의 방향이 교사의 시범보이기에서, 교사와 학생의 상호 책임을 거쳐 학생의 독자적 실행과 적용으로 점진적이고 의도적으로 이동해야 한다고 본다 (Pearson & Gallagher, 1983). 이 모델에서는 '교사에게 부과됐던 과제 수행의 책임이 (중략) 학생들이 모든 권한을 갖는 방향으로' 전환된다 (Duke & Pearson, 2004, p. 211).

GRR 수업모델의 이론적 토대는 다음과 같다.

- 장 피아제(Jean Piaget)의 인지구조(cognitive structures)와 스키

마(schema)에 관한 연구(1952)

- 레프 비고츠키(Lev Vygotsky)의 근접발달영역(zone of proximal development, ZPD)에 관한 연구(1962, 1978)
- 앨버트 밴듀라(Albert Bandura)의 주의집중(attention), 파지 (retention), 재생(reproduction), 동기부여(motivation)에 관한 연 구(1965)
- 데이비드 우드(David Wood), 제롬 브루너(Jerome Bruner), 게일 로스(Gail Ross)의 스캐폴딩(scaffolding) 수업에 관한 연구(1976)

종합해보면, 이 이론들은 학습이 타인과의 상호작용을 통해 일어 나며, 이러한 상호작용이 계획적일 때 구체적 학습이 이루어진다는 것을 암시한다.

우리가 제안하는 GRR 수업모델은 다음 4가지 활동으로 이루어진 다(Fisher & Frey, 2008a).

1. **집중수업(Focus Lesson)** 교사는 수업의 목적을 확립하고 자신의 생 각을 말로 설명하며 시범을 보인다. 수업의 목적은 성취기준처 럼 기대되는 학습결과를 반영하여 설정하고, 학생들에게 명확하 게 전달되어야 한다. 교사는 시범보이기를 통해 성공적 학습에 필요한 사고와 언어의 다양한 예를 학생들에게 제시해야 한다.
2. **안내식 지도(Guided Instruction)** 안내식 지도에서 교사는 학생의 이 해를 유도하기 위해 질문, 길잡이 정보, 단서 등의 기법을 전략적 으로 사용한다. 안내식 지도는 전체 학생을 대상으로 실시해도

되지만, 교수적 필요에 의해 꾸려진 별도의 소모둠을 대상으로
할 때 더욱 효과적이다. 중요한 점은 학생들의 성공적 학습을 돕
기 위한 스캐폴딩을 제공하면서 학습에 대한 책임을 학생들에게
점진적으로 이양하는 데 역점을 두어야 한다는 것이다.

3. **생산적 모둠활동(Productive Group Work)** 학생들은 생산적 모둠의 일
원으로서 과제를 수행하는 과정에서 주어진 주제와 관련된 결과
물을 산출해낸다. 생산적인 활동이 되려면, 구성원 모두가 학문
적 용어를 사용해야 하고 각자 맡은 책임을 다해야 한다. 이 단계
의 수업에서는 학생들에게 이해를 강화할 수 있는 기회를 제공
하고, 독자적으로 적용해보게 한다.

4. **독자적 학습(Independent Learning)** 마지막으로, 학생들은 수업 중
이든 수업 이후든 학습한 내용을 실제로 적용해본다. 많은 독자
적 학습 과제는 이해도 파악 및 재교육의 필요성을 판단하기 위
한 형성평가로서 활용된다. 물론 독자적 학습 과제는 수업 사이
클 면에서 시기적으로 너무 빨리 주어져서는 안 된다. 연습과정
을 거쳐야 학생들이 새로운 상황에서 배운 지식을 충분히 적용
할 수 있기 때문이다.

이처럼 순서대로 단계를 제시하긴 했지만, 실제 수업에서는 위 네
단계를 어떤 순서로 진행하든 상관없다. 일례로, 한 동료 과학교사는
학생들의 배경지식을 활성화하기 위해 설계된 독자적 쓰기 과제(저
널 작성)로 시작한다. 학생들에게 짝과 함께 서로의 의견을 논의하도
록 지시한 다음(**생산적 모둠활동**), 논의에서 도출된 중요한 사항을 저널

에 기록하게 한다. 그러고 나서 수업의 구체적인 목적을 학생들에게 전달하고, 과학 텍스트를 읽으면서 자신의 생각을 말로 설명하며 시범을 보인다(집중수업). 교사는 이렇게 추가적인 정보를 제공함과 동시에 학생들에게 짝끼리 연합해서 총 4명으로 구성된 모둠을 만들 것을 요구한다. 모둠 구성원들은 함께 포스터를 제작하면서 주어진 문제에 대하여 그들이 이해한 사항을 종합하고 요약한다(생산적 모둠활동). 개인의 책무를 표시하기 위해 서로 다른 색상의 마커로 포스터 위에 글을 쓰고, 각자가 작성한 내용을 가지고 이야기를 나눈다. 그동안 교사는 교실을 돌며 학생들의 이해도를 파악한다(안내식 지도). 학생들은 교사가 돌다가 멈춰 서서 자신들이 작성한 내용에 대해 질문한다는 것을 알고 있기 때문에 이해하지 못한 내용은 쓰지 않도록 주의한다. 이때 한 모둠의 학생들이 작업한 포스터에 잘못된 정보가 들어 있다는 사실을 발견한 교사는 멈춰 서서 질문을 던진다. 그런 다음 길잡이 제공 전략을 사용해 비판적 사고를 유도한다(안내식 지도). 이런 방법으로도 학생들의 이해를 끌어내지 못하자, 교사는 텍스트의 특정 단락을 다시 읽어보라는 단서를 제공한다. 비로소 학생들은 실수를 알아차리고 바로잡는다.

GRR 수업 프레임워크 내에서의 개별화

앞서 언급했듯이, 개별화는 교수학습 과정의 중요한 한 측면으로, 특히 동기부여에 필수적이다. GRR 수업모델을 적용한 교수활동은 교사들에게 수업을 개별화할 수 있는 확실한 방법을 제공한다.

흥미로운 사실은 교육과정의 모든 부분을 개별화할 필요가 없다는 것이다. 그렇다. 학습내용과 학습과정 그리고 학습결과물의 어느 한 부분만 개별화하면 된다(Tomlinson, 2001). 수업 프레임워크를 고려할 때 형성평가 정보를 활용하면 어떻게 개별화할 것인가 하는 문제에 훨씬 더 분석적인 태도로 임할 수 있다. 우리가 제시한 수업 프레임워크 안에서 개별화 수업이 어떤 식으로 작동하는지 좀 더 자세히 알아보자. 다음은 6학년 교실에서 진행된 고대 중국에 관한 수업 중 실크로드 단원의 학습과정이다.

코빌(Coville) 선생님은 수업의 목적을 '실크로드(Silk Road)를 이용하는 사람들이 겪었던 어려움을 확인할 수 있다'라고 세웠다. 학생들은 이미 실크로드가 만들어진 이유에 대해서 배웠다. 코빌 선생님은 오개념을 예상하고 길 자체가 실크로 만들어진 것이 아니라 이 길을 따라 실크를 포함한 많은 문물이 이동했다는 사실을 강조했다. 그리고 시범보이기의 일환으로 여행자들이 횡단했던 사막, 산, 강, 평원, 산악지대 등 실크로드의 지리적 상황을 엿볼 수 있는 사진과 삽화도 보여주었다. 소리 내어 생각하는 씽크 얼라우드(think-aloud) 기법을 통해, 선생님이 생각하는 실크로드의 위험요소에는 어떤 것들이 있는지도 설명했다. 예를 들면 눈 덮인 산의 모습을 보여주면서 이렇게 말했다. "눈의 양이 엄청 많아 보이는데 쉼터가 없는 것 같아. 과연 여행자들은 어디에서 머물렀으며 어떻게 체온을 유지했을까? 그리고 무엇을 먹었을까? 어느 정도 식량을 가지고 다녔을 수도 있겠지만 이 산속에서 장기간 머물러야 했다면 금세 바닥이 났을 거야. 주변에 음식을 만들어 먹을 만한 재료도 전혀 안 보이는데, 내 생각에는 이런 요인들이 여행을 더욱 어렵게 만들었을 것 같아."

이처럼 수업의 목적이나 교사의 시범을 개별화할 필요가 전혀 없다. 수업의 목적이 성취기준에 부합되어야 한다는 점을 고려하면, 특정 학생들을 위해 기대수준을 낮추는 것은 부적절할 수 있다. 코빌 선생님이 시범보이기 과정에서 해당 학년의 수준에 맞는 사고와 어휘를 사용하여 예를 든 것은 전체 학생의 성공적인 학습을 위해 필요한 조치였다. 미리 까다로운 부분을 예상하고 시범보이기 과정에서 처리함으로써 교사의 생각을 명쾌하게 전달할 수 있었고, 그 결과 개별화할 필요가 없어진 것이다.

코빌 선생님의 시범보이기가 끝나자, 학생들은 생산적 모둠활동에 들어갔다. 이날 학생들은 상보적 교수법(reciprocal teaching)에 따라, 실크로드에 도사리고 있었던 위험요인들에 관한 텍스트를 모둠별로 읽었다(Palincsar & Brown, 1984). 학생들은 텍스트를 읽으면서 요약하기, 예측하기, 질문하기, 명료화하기의 4가지 독해전략을 차례로 사용했다. 학생들에게 주어진 개별적 책무에는 모둠 구성원들과 논의한 내용 기록하기와 텍스트를 읽고 각자 요약하기가 포함되었다. 학생들의 대화내용을 가만히 들어보면, 이들이 학문적 용어를 사용하는지 그리고 어떤 식으로 사고하는지가 그대로 드러난다.

타린　　 몇 가지 확인할 게 있으니까 내가 먼저 시작할게. 자, 내가 첫 번째로 막힌 단어는 기병대였어. 이 단어를 구글에서 찾아봤더니 말을 타고 전투에 참여한 병사들을 의미하더라. 그러니까 군대의 일종인 것 같은데 말을 타고 있었다는 거지. 그 시절엔 다른 교통수단이 없었으니까 일리가 있긴 해.

미카엘 요약하자면, 실크로드가 여러 조건 때문에 위험했다는 것이 이 글의 요지인 것 같아. 본문에도 지형이 변화무쌍했다고 나와 있잖아. 내가 흥미롭게 생각했던 부분은 무역상들이 실크로드가 끝나는 지점까지 이동하지 않았다는 거야. 그들은 다른 사람에게 돈을 지불하고 그들이 판매할 재화를 가져가게 했어.

안드레아 그 부분에서 또 다른 의문이 생겨. 왜 무역상들은 돈을 지불하면서까지 그들이 판매할 상품과 다른 물건들을 나르게 했을까?

타일러 너무 위험했기 때문이지. 구간마다 형세나 상황을 잘 아는 사람들이 있었을 거야. 예를 들면 사막지대가 나오는 구간에서는 사막에서 생존하는 법을 잘 아는 사람에게 비용을 지불해서 재화를 이동시키고, 그 구간이 끝나고 산악지대가 나오면 다음 사람에게 그 물건을 가져가게 하는 식이 아니었을까?

안드레아 그럼 재화는 어디까지 이동했어?

미카엘 실크로드가 끝나는 지점까지. 중국에서 출발하면 지중해까지 운반됐어.

타일러 내 생각에는, 실크로드의 여러 구간마다 이 사람에게서 저 사람에게 재화가 옮겨질 때 무슨 일이 생겼는지 좀 더 공부해야 할 것 같아. 그리고 비용이 많이 들어서 이 동시킬 수 없었던 재화도 분명히 있었을 거야.

타린   네 의견에 동의해. 각자가 부담하는 몫만큼 비용이 청구됐을 것 같아.

학생들이 생산적 모둠활동에 참여해서 완수할 과제를 개별화하는 방법에는 여러 가지가 있다. 생산적 모둠활동은 학생들에게 이해를 강화하고 학문적 용어를 사용할 기회를 주기 위해 계획되었다는 점을 기억하라. 또 교사들에게는 수업계획에 활용할 수 있는 자료를 제공한다.

생산적 모둠활동을 개별화하는 방법 중 하나는 또래를 활용하는 것이다. 또래지원(peer support)은 학생의 학습을 보장하는 강력한 방법이다(e.g., Fuchs, Fuchs, & Burish, 2000). 이 말은 학생들에게 그냥 수업을 넘겨주고 마음대로 하도록 내버려두어야 한다는 게 아니라, 과제에 대해 또래들과 협력할 기회가 필요하다는 의미다. 주어진 과제를 완수하기 위해 서로 언어적 지원을 주고받을 수도 있고, 길잡이 정보와 단서를 줄 수도 있으며, 동기부여를 할 수도 있다. 또래를 활용한 전략은 교수학습 과정을 개별화하는 효과적인 방법이다.

생산적 모둠활동 단계에서 수업을 개별화할 수 있는 다른 방법들도 많다. 앞서 인용한 실크로드 사례에서는 교사가 모둠별로 내용이 다른 텍스트를 배부할 수 있다. 이렇게 내용을 개별화하면 학생들은 각자의 능력에 맞는 글을 읽고 토론할 수 있다. 각 모둠에 소속된 개별 구성원이 아니라 모둠별로 특정한 독해과제를 부과하는 방법도 있다.

이렇게 하면 모둠 구성원들은 공동의 목표(모둠을 분열시키는 차별적 목표가 아닌)를 위해 노력하게 되면서 과제에 몰두하는 시간이 늘어난다. 교사는 모둠활동 과정에서 학생들이 만들어낼 것으로 기대되는 결과물을 개별화할 수도 있다. 이 경우 한 학생에게는 요약문 작성에 참고할 수 있는 문장 프레임(sentence frame, 문장을 만들 수 있는 틀-옮긴이)을, 다른 학생에게는 기록할 때 활용할 수 있는 단어 목록을 제공하면 된다.

코빌 선생님은 학생들이 생산적 모둠활동에 참여하는 동안 한 모둠 구성원들과 만나 안내식 지도를 진행했다. 앞서 설명한 대로, 안내식 지도는 질문, 길잡이 정보, 단서 등을 전략적으로 활용해야 한다. 교사가 사용하는 질문, 길잡이 정보, 단서는 학생들에 대해 교사 자신이 알고 있는 사항과 학생들의 답변에 기초하기 때문에 그 자체로 개별화라고 할 수 있다. 예를 들어, 코빌 선생님은 한 모둠 구성원들과 면담을 하면서 학생들이 무역로의 개념, 즉 중국 역시 다른 나라들로부터 재화를 받아들였다는 사실을 이해하지 못했음을 알게 됐다. 그래서 길잡이 정보와 단서를 활용하여 실크로드가 단순히 지중해 연안의 도시로 실크를 운반하기 위한 통로로만 사용된 것이 아님을 학생들에게 이해시키고자 했다. 코빌 선생님은 지문에서 인도와 로마에 대해 설명한 부분에 주목했다.

선생님 학기 초에 무역의 개념에 대해 토론했던 내용을 떠올려 보자.

윌슨 네. 사람들이 물건을 교환하는 겁니다. 교역을 하는 거예요.

닉슨 이것을 [자기 연필을 들고] 저것과 [공책을 가리키며] 바꾸는 거죠.

윌슨 대가로 무언가를 받는 거예요.

선생님 그런데 실크로드는 무역로야.

오드리 그래서 사람들이 교역을 했어요. 아마 실크를 돈으로 교환했을 거예요.

선생님 단지 돈으로만 교환했을까? 중국에 다른 건 필요하지 않았을까?

그레이엄 많았어요. 중국은 음식, 화초, 그리고 다른 많은 것들을 교역했어요. 여기 그렇게 적혀 있어요. [텍스트의 한 단락을 가리킨다]

선생님 인도에서 건너온 산물들을 생각해볼까?

오드리 인도에는 엄청나게 많은 목화가 있었어요.

그레이엄 그럼 중국이 목화를 원했을까요? 목화는 식물에서 자라는데 당시 중국에는 없었을 거예요. 중국은 벌레에서 실을 뽑아 실크를 짰거든요.

윌슨 교역을 했을 것 같아요. '우리가 실크를 줄 테니 너희는 목화를 다오'라는 식으로요.

오드리 그랬을 것 같아요. 사람들은 자기한테 없는 것을 원하잖아요.

닉슨 아마도 위험을 무릅쓰고 실크로드를 따라 걸은 이유는 그들이 갖고 있던 물건을 주고 원하는 물건을 얻기 위해서였던 것 같아요.

안내식 지도는 그 특성상 개별화된 상태지만, 학생들에게 부여되는 독자적 학습(independent learning)과는 다르다. 독자적 학습 과제는 '수업 중 과제든 집에서 하는 숙제든' 모두 개별화되어야 한다. 독자적 학습 과제의 목표는 적당히 도전적이면서도 좌절감을 주지 않는 수준의 과제를 부여하는 것이다. 학생들에게 배운 내용을 적용해보라고 지시할 때는 당연히 그에 필요한 지원을 해줘야 한다.

독자적 과제를 개별화하는 방법은 간단하다. 기본적인 과제를 주면서 요구사항 중 하나를 변경하면 된다. 예를 들면 다음과 같다.

- **과제의 개수** 일부 학생은 4개 문항만 풀게 하고 나머지 학생은 6개 문항을 풀게 한다.
- **과제의 유형** 어떤 학생은 질문에 답변을 하고, 어떤 학생은 질문을 작성하며, 나머지 학생은 정보를 요약한다.
- **투입 경로** 교사가 다양한 읽기자료 또는 웹사이트와 같은 정보의 출처를 제공할 수 있다.
- **산출 경로** 학생들은 답변을 디지털 기기에 저장해서 제출할 수도 있고, 직접 손으로 쓰거나 반 친구들 앞에서 발표할 수도 있다.

교사가 독자적 과제를 개별화했다고 해도 학생들은 정해진 수업목적에 부응하여 주어진 학습을 완수할 책임이 있다. 이 말은 일부 학생들에게는 학습내용을 덜어주거나 이해수준을 낮춰주고 그에 대해서만 책임지도록 해야 한다는 게 아니라, 학생들 자신이 이해한 것들을 다양한 방식으로 증명할 기회가 주어져야 한다는 의미다. 중요한 것은, 형성평가 시스템에 개별화된 교육과정 그리고 개별화 지도가 포함돼야 한다는 점이다. 개별화는 교사에게 학생들의 학업을 평가할 기회를 제공한다. 그렇게 해서 교사는 학생들이 이미 알고 있는 자료를 가르치는 게 아니라 학생들에게 꼭 필요한 것들을 짚어주는 맞춤식 수업을 할 수 있다.

형성평가 시스템에서의 수업 프레임워크

유연한 운영이 가능한 GRR 수업 프레임워크는 학생들을 지원할 수 있는 다양한 메커니즘을 교사들에게 제공한다. 지원 시스템으로서의 개별화에 대해서는 이미 논의했다. 지금부터는 이런 수업 프레임워크를 활용하여 형성평가 데이터를 통합하는 방법에 대해 알아본다. 구체적으로 세 개의 교실현장을 들여다보면서 형성평가 시스템을 통해 도출된 자료가 어떤 식으로 실천적인 실행 방안을 제시하는지 살펴볼 것이다.

앞서 확인했듯이, 학생의 성과물이나 과제수행을 검토하는 과정에서 발견된 오류와 오개념을 해결하기 위해 교사들은 흔히 안내식 지도를 활용한다. 숙달 수준으로 나아가는 학생 각자의 경로에서 '다음 단계'에 필요한 기반을 마련해주기 위함이다. 소규모 모둠에서 안내식 지도가 효과를 보려면 GRR 수업모델상의 다른 단계들(집중수업, 생산적 모둠활동, 적절한 독자적 학습)이 함께 시행되어야 한다. 교사가 다른 학생의 학습을 안내하는 동안 나머지 학생들은 의미 있는 무언가를 해야 하는데, 여기서 말하는 '무언가'란 단순히 활동지를 더 푸는 게 아니다.

이렇듯 안내식 지도의 역할이 분명히 있긴 하지만, '다음 단계가 무엇인가?'라는 질문에 대한 유일한 답은 아니다. 경우에 따라 학생들에겐 배운 것을 더욱 공고화할 기회가 필요하다. 이런 기회는 생산적 모둠활동에 참여할 때 주어질 수 있다. 또 교사의 시범이 추가적으로 필요할 때도 있다. 마지막으로, 학생들의 수행결과 데이터가 또 다른 독자적 과제의 필요성이나 총괄평가에 임할 준비가 되었음을 나타내기도 한다.

공고화의 기회

아라자(Arraza) 선생님의 기하학 수업을 듣는 학생들은 삼각형의 성질에 대해 계속 공부해왔고, 그 성질을 활용하여 증명문제를 풀 수 있다. 아라자 선생님은 학생들에게 수업의 목적을 명확하게 전달했으며, 삼각형에 관한 자신의 생각은 물론 삼각형의 특징(외각 그리고 주어진 외각과 접해 있지 않은 두 내각)을 활용하여 문제를 푸는 방법도 이미 시범을 보였다. 학생들은 생산적 모둠활동에 여러 차례 참여했고, 교사는 오류나 오개념이 나타나는 몇몇 모둠을 대상으로 안내식 지도를 실시했다. 그런데 출구카드(exit slips)를 검토해보니, 대다수 학생들이 정삼각형의 특성을 제대로 이해하지 못했으며 각의 크기를 구할 때 이런 성질을 어떻게 이용해야 하는지도 잘 모르는 것으로 나타났다.

아라자 선생님은 이 정보를 바탕으로 다음 차시의 수업을 계획했다. 구체적으로 삼각형의 개념에 대한 시범보이기는 충분히 했다고 판단하고, 학습한 정보를 제대로 활용해볼 수 있는 공고화(consolidation)의 기회가 학생들에게 더 필요하지 않을까라는 가설을 세웠다. 아라자 선생님의 피드포워드 계획은 생산적 모둠활동을 더 늘리는 형태로 수업 프레임워크에 포함되었다. 아라자 선생님은 정삼각형의 성질을 이용하여 증명하는 데 필요한 길잡이 정보를 모둠마다 다르게 제시하기로 결정했다. 학생들은 모둠별로 커다란 포스터 용지에 풀이과정을 적는데, 구성원들은 저마다 다른 색 마커를 사용하여 본인의 의견을 작성해야 했다. 이렇게 해서 아라자 선생님은 학생 개개인의 의견을 평가한 뒤 질문, 길잡이 정보, 단서를 제공할 때의 근거로 활용할 생각이었다.

처음에는 쉽지 않았다. 몇몇 모둠에서 오류가 나타났다. 아라자 선생님은 길잡이 정보를 정확하게 사용한 두 모둠을 선택하여 그들의 사고과정을 학급 전체와 공유했다. 그런 다음 각 모둠 안에서 길잡이 정보를 교환하게 하고, 풀이과정을 다시 적어보라고 했다. 이전과 마찬가지로 모둠 구성원들은 각자 다른 색 마커를 썼다. 이 과정에서 학생들은 주어진 길잡이 정보와 정삼각형에 대해 그들이 알고 있는 사항을 중심으로 의견을 주고받았다. 대부분의 모둠에서 앞의 두 가지 정보를 참조하여 문제를 풀어나갔다. 모둠활동이 진행되는 동안 교사는 학생들의 이해를 돕기 위해 그들이 작업한 내용을 보면서 질문, 길잡이 정보, 단서 등의 기법을 활용하여 대화를 나누었다. 이렇게 해서 두 번째 문제 풀이에 성공한 두 모둠을 추가 선별하고 이들의 풀이과 정을 학급 전체와 공유했다.

그런 다음 아라자 선생님은 또다시 학생들끼리 길잡이 정보를 교환하라고 지시했다. 학생들은 다시 앞의 과정을 반복했다. 서로 대화를 나누고 자신에게 할당된 색깔 펜을 사용하여 의견을 적었다. 아라자 선생님은 학생들의 이해에 필요한 스캐폴딩을 제시하면서 안내식 지도를 계속했다. 세 번째 회차에서 한 개 모둠을 제외한 전체 모둠이 정확하게 문제를 풀었다. 두 모둠의 학생들이 나머지 학생들에게 풀이과정을 발표하자, 선생님은 이렇게 말했다. "이 연습이 여러분의 지식을 굳히는 데 도움이 되는 것 같다. 확실히 하기 위해서 한 번만 더 해보자."

또다시 학생들은 길잡이 정보를 교환했고 과제에 착수했다. 아라자 선생님은 틀린 답을 도출했던 모둠을 관찰하면서 어느 부분에서 실수가 일어나는지 확인해봤다. 이 모둠 구성원들은 증명과정에서는 실수를 하지 않았다. 실제로 모든 모둠 구성원들이 정확하게 증명했다. 교사의 가설이 옳았다. 학생들에게는 친구들과 함께 배운 것을 적용하고 학습한 내용에 대해 서로 논의하는 시간이 더 필요했던 것이다. 수업이 끝날 무렵, 학생들은 수업시간에 배운 정보를 활용하여 새로운 문제를 푸는 내용으로 출구카드를 작성했다. 아라자 선생님은 결과에 만족했고, 이제 다음 단계로 나아갈 준비가 되었음을 깨달았다.

시범보이기

페리(Perry) 선생님이 가르치는 5학년 학생들은 설득적 글쓰기에 한창이다. 학생들은 이미 브레인스토밍을 마쳤고 초안도 작성했다. 또래들과 서로 의논하면서 피드백도 주고받았다. 초안 편집까지 마무리되어서 이제 제출만 하면 된다. 학생들이 선택한 주제가 참신하고 흥미로웠기 때문에 선생님의 기대감도 컸다. 페리 선생님은 빨리 보고 싶은 마음에 학생들이 어떻게 생각하는지 슬쩍 들여다봤다. 그런데 실망스러웠다. 학생들이 작성한 글은 하나같이 설득력이 떨어졌다. 글은 꽤 잘 썼고 내용 전달도 괜찮았다. 하지만 설득력이 전혀 없었다.

페리 선생님은 학생들의 결과물을 보며 정말 많은 고민을 했다. 아이디어 생성, 어휘 선택, 문장 전환, 동료 반응, 교정 등과 관련해서는 매일 해왔던 것이기 때문에 학생들에겐 그 이상의 추가적인 시범보이기가 필요하다는 결론을 내렸다. 물론 수업시간에 학생 개개인을 지도하는 방법도 있겠지만 전체 학생을 그렇게 지도하기엔 시간이 절대적으로 부족할 것이다. 생산적 모둠활동을 진행할 수도 있겠지만, 어느 부분에 중점을 둬야 하는지 학생들에게 일일이 알려줘야 한다. 데이터가 그에게 정해준 목적지는 바로 시범보이기였다. 페리 선생님은 추가적인 시범보이기 없이는 학생들이 정보전달과 설득의 차이를 이해할 수 없으리라는 사실을 깨달았다. 다음 날 선생님은 누군가에게 무언가를 말하는 것과, 무언가를 믿게 하고 행동하도록 만드는 것의 차이점에 대해 시범보이기를 시행했다.

"글쓰기에는 다양한 목적이 있다고 생각해. 가끔 나는 누군가에게 무언가를 말하기 위해 글을 쓰고 싶을 때가 있어. 예를 들면 교장선생님께 우리 반 학생들이 수학시험을 굉장히 잘 봤다고 말하고 싶을 때야. 그 소식을 교장선생님도 알고 싶을 거라고 생각했거든. 또 무언가에 대해 상대방을 설득하고 싶을 때가 있어. 어쩌면 듣는 사람이 동의하지 않을 수도 있기 때문에 내게 설득력이 있어야 한다고 생각해. 누군가를 설득하기 위한 글을 쓸 때는 방식이 좀 달라. 요즘 나는 우리 반이 자료 수집을 위해 박물관 견학을 가야 한다고 생각하고 있어. 그런데 교장선생님을 설득해야 해. 현장학습 비용은 이럴 때 사용해야 효과적이라고 말이지. 몇 가지 의견을 정리해서 글로 쓰면 교장선생님을 설득할 수 있을지도 몰라. 나한테는 상대를 설득하고 싶을 때 활용할 수 있는 단어 목록도 있어."

페리 선생님은 설득적 글쓰기를 다함께 연습하기 위해서 먼저 자신이 편지글을 작성한 다음 시험 삼아 학생들에게 교장선생님을 설득하는 내용의 편지를 써보게 하기로 결정했다. 페리 선생님은 중간 중간 학생들의 글쓰기 활동을 중단시키고, 정보전달이 아닌 설득력 있는 글에 관한 자신의 생각을 말로 설명하며 시범보였다. 그날 학생들은 작성한 편지의 초안을 교정하는 것까지 마쳤다. 학생들의 편지를 꼼꼼히 읽어본 선생님은 글쓰기의 마지막 절차인 고쳐쓰기(revision) 단계로 나아가도 되는지, 아니면 추가적인 시범보이기가 필요한지 판단할 수 있었다.

총괄평가와 홀로서기

스웨인(Swain) 선생님이 담당하는 2학년 학생들은 성장주기에 대해서 잘 알고 있다. 이들은 동물과 식물의 성장주기에 대한 책을 여러 권 읽었고, 스웨인 선생님은 성장주기에 대한 자신의 생각을 학생들에게 시범보였다. 학생들은 씨앗을 발아시켜서 성장과정을 기록하기도 했다. 또 모둠별로 곤충의 성장주기도 분석했다. 이 과정이 진행되는 몇 주 동안, 학생들은 성장주기의 개념을 깊이 이해하게 되었다. 스웨인 선생님이 해당 단원을 가르치면서 수집한 수행결과 데이터는 '학생들은 어떤 형태의 총괄평가(summative assessment)든 받을 준비가 되어 있다'는 메시지를 명확하게 보여주었다.

선생님은 총괄평가의 일환으로 교내행사인 과학전시회를 활용하기로 했다. 학생들은 저마다 주제를 정해서 성장주기를 그림으로 그린 다음, 주제가 잘 드러나도록 정보자료를 만들어야 했다. 지난 몇 년 동안 스웨인 선생님은 학생들이 준비가 되었는지 확신할 수 없었고, 학생들을 생각하면 늘 불안했다. 하지만 올해는 전혀 걱정하지 않는다. 학생의 이해도를 향상시키는 수업모델을 바탕으로 학생의 성과를 피드포워드할 수 있는 형성평가 시스템을 활용했기 때문이다.

잭이 '모기의 성장주기 설명하기'라는 주제로 만들어온 그림카드를 보자 스웨인 선생님은 그동안 잭에게 제공했던 다양한 학습활동이 떠올랐다. 이를테면, 잭이 모둠 구성원들과 성장주기를 설명하는 별도의 과제를 완수한 적이 있는데, 그때의 경험이 이번 과제를 준비하는 데 큰 도움이 된 듯했다. 또 잭이 번데기의 다음 단계가 알이라고 혼동했을 때 자신이 제공했던 길잡이 정보, 단서, 추가자료 읽기 등의 전략이 잭에게 올바른 순서를 명확하게 심어주는 데 얼마나 효과적이었는지도 떠올랐다. 그렇게 잭과 나머지 학생들 모두 총괄평가 준비를 마쳤다. 이제 남은 일은 학생들이 학습에 대한 책임과 권한을 가지고 그동안 이해한 내용을 혼자 힘으로 보여주는 것이다.

형성평가 시스템에 관한 질문과 답변

다음은 형성평가 시스템의 구축과 관련하여 사람들이 공통적으로 묻는 몇 가지 질문과 그에 대한 우리의 답변이다.

형성평가 시스템을 구입해서 써도 되는가? 그렇다. 우리는 채택된 교과서와 함께 제공되는 평가문제를 정기적으로 활용한다. 이런 학습자료는 평가를 계획하거나 문제의 난이도를 조절할 때 유용하다. 학생들에게 세심하게 맞추어진 평가시스템을 개발하는 데도 훌륭한 자원이자 출발점이 된다. 단, 형성평가를 활용하여 가르치는 일만큼은 돈으로 해결할 수 없다. 가르치는 일, 바로 거기서 교사의 전문성과 경험이 발휘된다. 형성평가 시스템의 목적은 학생의 수행결과 데이터를 활용하는 수업체계를 교사들이 내재화하는 것이며, 그러기 위해 교사는 학생의 학습 상황을 충분히 이해하고 있어야 한다.

형성평가 시스템에 교사가 만든 평가도구를 포함시킬 수 있는가? 그렇다!

평가도구를 만드는 과정에서 많은 능력이 새로 생겨난다. 평가문제를 개발할 때마다 우리는 학생들에게 요구되는 성취기준과 기대치, 그리고 학생들의 학업적 성공을 보장해주는 정해진 수업 순서(instructional routine)에 대해 더 명확히 알게 되었다. 물론 자기만의 평가도구를 개발한다는 것은 신뢰성, 타당성, 채점 등 평가와 관련된 다양한 주제를 교사 스스로 공부해야 한다는 의미다. 그 정도 투자를 할 만한 가치가 분명히 있다는 것은 두말할 필요도 없다.

형성평가와 총괄평가는 어떻게 다른가? 일반적으로 동일한 평가가 형성평가로 활용될 수도 있고, 총괄평가로 활용될 수도 있다. 획득한 평가 정보를 가지고 무엇을 하느냐에 따라 형성평가가 되기도 하고 총괄평가가 되기도 한다. 객관식 시험을 생각해보자. 대부분의 사람들은 총괄평가라고 생각하겠지만, 시험 결과를 보면서 학생들이 무엇을 알고 있고 무엇을 더 배워야 하는지 판단할 수 있다. 앞서 살펴본 대로, 학생들의 수행결과를 피드포워드 방식으로 사용할 경우에는 형성평가다. 반면에 성적이나 책무성을 묻는 데 사용했다면 이때는 총괄평가라고 할 수 있다.

형성평가가 어떻게 학습을 뒷받침하는가? 형성평가는 교사가 다음 단계에서 무엇을 가르칠지 결정하는 데 도움이 된다. 또 학생들에게는 그들이 잘 이해한 것과 더 공부해야 할 것에 대한 정보를 제공한다. 평가는 교수와 학습을 구분 짓는다. 단순히 무언가를 가르쳤다고 해서, 또는 (현재 통용되는 용어로 표현하자면) 수업에서 '다루었다'고 해서 학습이 된 것은 아니다. 형성평가, 그리고 피드업과 피드백, 피드포워드 과정이 포함된 형성평가 시스템은 학생의 학습활동에 초점을 맞춘다. 교사가 학생들이 잘 배우길 바라는 마음으로 수업을 계획하고 전달하는 것만으로는 충분하지 않다. 희망은 계획이 아니다. 형성평가 시스템은 그 자체가 계획이다. 즉, 학생의 학습을 보장하기 위해 세심하게 설계된 계획이다.

형성평가에 소요되는 시간을 어느 정도 책정하면 되는가? 학생들을 위해서, 그리고 학생들과 함께 원하는 모든 것을 하기엔 교사의 시간이 충분하지 않다는 건 엄연한 사실이다. 형성평가 시스템은 교사들이 시간을 관리하는 데 도움이 된다. 형성평가 시스템의 전체적인 개념은 학습내용을 이미 '이해'한 학생들에게 시간을 허비하지 않고, 여전히 도움이 필요한 학생들을 다시 가르치거나 그들의 이해도를 향상시키는 데 그 시간을 집중해서 사용하는 것이다.

형성평가 시스템 실행의 핵심적인 요소는 교사가 추가 교육을 위해 한쪽에서 소수의 모둠 구성원들과 면담하는 동안에도 나머지 학생들이 서로 협력하면서 생산적인 학습활동을 계속할 수 있게 하는 것이다. 교사가 없는 상황에서도 학생들이 학습활동을 하게 만드는 열쇠는 새 학년이 시작되었을 때 그 방법을 가르치는 것이다. 학생들에게는 또래와 함께 완수할 과제를 제시하기 전에, 각각의 생산적 모둠 활동에 참여하여 과제를 완수했을 때 어떤 수준에 이르기를 기대하는지 반드시 알려줘야 한다. 이 단계를 거친 후에 비로소 교사는 모둠 학생들에게 집중해서 결과물을 검토하든지 아니면 다음 단계로 넘어가

든지 할 수 있다.

많은 교사들이 형성평가 시스템을 실행하지 못하는 이유 중 하나는 모둠활동을 활용하지 않기 때문이다. 혹은 모둠 안에서 생산적인 활동을 할 수 있도록 학생들을 가르치지 않기 때문이다. 생산적 모둠활동이 없는 수업에서 형성평가 시스템은 와해된다. 왜냐하면 교사가 재교육이 필요 없는 학생들까지 포함해서 학급 전체를 대상으로 다시 가르쳐야 하거나, 또는 학생들을 '한눈 팔지 않고 계속 바쁘게' 하기 위해서 독자적 과제를 과도하게 부여할 수밖에 없기 때문이다. 이는 학생들이 이미 알고 있는 것들을 수행하면서 시간을 낭비하게 된다는 의미다.

다음 질문은 이번 장의 한 절을 온전히 할애할 정도로 중요한 내용이다. 우리 저자들이 가장 많이 받는 질문은 형성평가 시스템을 실행하는 '방법'에 관한 것이다. 형성평가 시스템을 실행하려면 무엇이 필요한가? 형성평가 시스템을 실행하는 데 교사들에게 필요한 지원을 할 때 리더의 역할은 무엇인가? 수업코치와 교사리더는 실행 노력을 어떻게 지원하고 있는가?

형성평가 시스템과 리더십

학교장과 수업코치 그리고 교사리더들은 점심시간 관리감독부터 학생들의 교육훈련을 위한 예산편성까지 다양한 업무를 처리해야 한다. 이 모든 것이 학교운영에 반드시 필요한 일들이다. 안타깝게도 많은 교육 리더들이 학교운영과 관련하여 긴급한 일들을 우선 처리하느라 수업 혁신을 위한 리더로서의 능력을 제대로 발휘하지 못한다. 수업을 관찰하고 수업 진행의 전문성에 대하여 교사들과 협의할 시간을 갖기도 쉽지 않다.

학교교육 혁신을 위한 노력이 꽃을 피우려면 리더들을 교실 안으로 들여보내야 한다. 물론 교실에서 시간을 보내고 피드백을 제공하는 것만으로는 지속적인 변화를 일으키기에 충분하지 않다. 지속적인 변화를 위해서는 어떻게 하면 수업의 질을 끌어올릴 수 있는지, 그 방법에 대한 합의가 필요하다. 그래야 리더와 교사들이 관찰한 것을 토대로 생산적인 대화를 나눌 수 있다. 나중에 이 문제로 다시 돌아오겠지만 그간의 경험으로 볼 때 학교교육 혁신과 관련하여 교사들의 전문성 개발을 위한 노력과 행정, 동료 피드백이 효과를 보려면 수업의 질에 대한 합의를 도출하는 것이 중요하다.

교사리더라면 수업 관찰 후 교사와 대화를 나누었던 경험이 있을 것이다. 그 기억을 한번 떠올려보자. 교사리더로서 당신은 학생들의 배경지식을 쌓는 것의 중요성을 입증하고 이해를 확장시키는 회의에 참석했다가 막 돌아온 시점이었다고 가정하자. 당신은 수업을 관찰하면서 교사가 학생들에게 배경지식을 심어주고 활성화해야 할 몇몇 기회를 놓쳤다는 사실을 감지했다. 교사와 당신은 아마도 다음과 같은 대화를 나눌 것이다.

리더   수업이 어땠던 것 같아요?

교사	좋았어요. 학생들 모두 열심히 참여했다고 생각해요.
리더	맞아요. 아이들이 오늘 주제에 정말 관심이 많더군요. 혹시 오늘의 수업 주제와 관련해서 학생들이 이미 알고 있을 만한 내용으로 어떤 것이 있을지 생각해보셨나요? 또는 어떤 내용을 모를 거라고 생각했나요?
교사	아니요. 딱히 그런 생각은 안 해봤어요. 경험적으로 알고 있는 게 많을 거라고 생각했어요. 학생들이 서로 대화하는 걸 들으셨나요?
리더	네. 서로 이야기하면서 좋은 질문을 주고받더군요. 그런데 아이들이 무엇을 이미 알고 있었을까요?
교사	잘 모르겠어요. 하지만 평가 때는 잘할 거라고 확신해요.
리더	학생들의 배경지식과 주어진 주제를 연관시켜볼 생각은 해보셨나요? 수업 전에 이 부분을 이미 알고 있던 학생들도 있지 않았을까요?
교사	그렇긴 해요. 하지만 모든 수업이 다 그렇잖아요. 이미 알고 있는 학생도 있고, 완전히 이해한 학생도 있고, 더 가르쳐야 할 학생들도 있죠.
리더	학생들의 배경지식을 활용해서 새로운 것을 배워나가면 유용하지 않을까 하는 생각이 드네요.
교사	네. 그럴 수도 있겠네요. 저는 학생들이 마지막에 작성한 요약문이 정말 마음에 들어요. 그 부분을 못 보셨을 텐데, 학생들이 뭐라고 썼는지 보여드릴게요. 자…….

수업의 질에 대한 두 사람의 이해가 전혀 다르기 때문에 이 대화는 적어도 배경지식이라는 주제와 관련해서는 아무런 진전이 없다. 교사는 리더의 피드백에 별다른 영향을 받지 않았고, 그 결과 앞으로 바뀔 가능성도 전혀 없다.

또 다른 경우로, 리더가 수업의 질에 대한 깊은 이해 없이 피드백을 제공한다면 '좋은 수업(good teaching)'을 나타내는 증거와 상반되는 방향으로 흘러갈 수 있다. 우리가 수업의 질을 중요하게 생각하는 이유는 바로 이 때문이다. 양질의 수업이 갖출 질적 지표에 대한 합의를 도출하는 것은 기준선을 제공해주며, 바로 거기에서부터 의미 있는 대화가 시작되고 변화를 만들어나갈 수 있다.

우리는 이 책에서 GRR 수업모델을 구성하는 4가지 요소에 주목하고, 각 요소의 질적 지표에 대한 합의에 도달하기 위해 노력했다. 종합하면, 이러한 요소들은 교사들이 수업을 계획할 때 활용할 수 있는 수업 프레임워크를 제공한다. 또 교사와 리더들이 수업을 관찰한 다음 어떤 내용으로 대화를 나눠야 할지 주제를 제시해주기도 한다.

생산적인 대화

교사들이 같은 학교나 학구의 다른 교직원들과 양질의 수업에 대한 정의를 공유할 때 놀라울 정도로 생산적인 대화가 가능해진다. 두 사람이 수업에서 기대하는 바를 충분히 공유한 뒤 대화를 나눈다면, 그걸 기준으로 교실에서 실제 무슨 일이 있었고 그 다음에 무엇을 해야 하는지 비교해서 판단할 수 있다. 중요한 점은 리더가 교사들에게 특정한 질적 지표를 단순히 알려주기만 해선 안 된다는 것이다. 위에서 아래로 내려보내는 하향식 지시는 지속적인 변화를 불러일으키는 데 전혀 효과가 없다. 리더로서 우리는 종종 이렇게 말한다. "우리가 추구하는 것은 단순한 순응이 아니라 완전한 몰입이다." 리더가 교사들에게 양질의 수업이 어떠한 것이라고 설명할 때 교사들은 그냥 따른다. 하지만 교사와 리더가 양질의 수업에 대한 정의를 함께 논의하고 새로운 수준의 이해에 도달하게 되면 교사들은 헌신한다.

예를 들어 한 과학교사와 그의 수업코치, 그리고 교장이 수업의 질을 판단하는 주요 지표에 대해 합의를 마쳤다고 하자. 그 결과, 수업을 관찰한 뒤 이들이 나누는 대화는 훨씬 더 생산적으로 진행될 것이다. 그리고 학생과 수업코치, 교장이 다른 교사들과 노력하여 수업에 변화를 일으킬 가능성도 크다. 이런 대화는 양질의 수업에 대한 정의에 전혀 공감하지 못한 상태에서 교사와 교장이 나누는 대화와는 달리 성찰과 성장으로 귀결된다.

교사 학생들이 수업목적을 이해한 것 같아요. 선생님도 이해하셨나요?

수업코치 네. 제가 과학교사는 아니지만 선생님께서 이 수업을 통해 무엇을 배우기를 기대하시는지 잘 이해했어요. 목적을 설명하면서 핵심 용어들을 정의해주시던데 그 부분이 참 좋았어요. 그런데 수업목적을 전달하기 전에 있었던 일들을 이야기해볼까요? 괜찮죠?

교사 그럼요. 저는 배경지식을 활성화해서 학생들이 바로 대답하도록 하고 싶었어요. 독자적 과제가 효과가 있었고, 짝과 나누는 대화가 몇몇 정보를 명확히 이해하는 데 도움이 된다고 생각했어요.

수업코치 그러한 방법이 학생들한테 도움이 됐다는 의견에 동의해요. 선생님에게도 도움이 되던가요? 만일 그렇다면, 어떻게 도움이 됐나요?

교사 무슨 뜻인지 잘 모르겠네요.

수업코치 수업 후반부에 독자적 과제와 생산적 모둠활동에서 얻은 정보를 활용하셨나요?

교사 그 부분은 늘 명심하고 있어요. 무슨 말씀을 하시는지 이제야 알겠네요. 제가 개별화 수업을 개선하고 싶다고 말씀드렸었죠. 그리고 시범을 보일 때 학생들의 의견에 좀 더 주목할 수도 있었는데 그러지 못했다는 생각이 들어요.

수업코치 고민해볼 문제네요. 학생들이 오늘 중요한 것을 배웠다고 생각하세요?

교사 네. 그랬다고 생각해요. 학생들이 협동해서 만든 포스터를 보니 수업목적의 어느 부분이 달성되었는지 그리고 앞으로 제가 어디에 중점을 둬야 하는지 파악할 수 있었어요.

수업코치 길잡이 정보와 단서를 통해 수업을 안내하는 선생님의 능력이 정말 인상 깊었다고 말씀드리고 싶어요. 전혀 힘들이지 않고 학생들의 이해를 새로운 수준으로 끌어올리시던데요. 그게 쉽지 않다는 걸 알고 있는데 선생님은 잘하시더군요.

교사   감사합니다. 수업에서 시범보이기를 좀 다르게 해보고 싶어요. 마지막 수업시간에 오셔서 변화된 모습을 봐주실 수 있나요?

수업코치   물론이죠! 기꺼이 참석하겠습니다.

이 대화에서는 수업코치와 교사가 양질의 수업에 대한 정의를 공유하고 있음이 분명하게 드러나며, 그런 이해를 바탕으로 대화가 이어진다. 대화를 통해 이들은 교수-학습 경험에 대해 한층 깊은 이해에 도달하게 되었다. 그 결과, 두 사람은 어떤 변화를 경험했다. 수업코치와 교사 모두 자신의 입장이나 관점을 방어할 필요성을 느끼지 못했다. 대신에 수업 프레임워크와 형성평가 시스템에 대한 공통된 이해를 바탕으로 수업 상황에 대한 대화를 주고받았다. 리더들이 공식적으로든 비공식적으로든 수업의 질에 관한 논의에 교사들을 참여시켜야 하는 이유는 바로 이 때문이다. 이어서 살펴보겠지만, 이러한 논의는 실질적인 변화를 가져오기도 한다.

변화의 확장

수업의 질적 지표에 대한 합의는 학교 혹은 학구 단위로도 가능하다.

합의가 이루어지면 수업에서 관찰한 사항과 피드백을 활용하여 대화를 이끌어갈 수 있다. 이는 학생의 성취도를 끌어올리기 위해 내딛는 강력한 첫걸음이다. 합의된 사항들은 대화를 촉진할 뿐만 아니라, 교사의 전문성 개발을 위한 일종의 요구평가(needs assessment)로 활용되기도 한다. 일례로, 한 지역 고등학교의 교직원들은 GRR 수업모델의 각 구성요소에 대한 구체적인 질적 지표를 합의하에 정했다(〈표 6.1〉 참조). 이는 교사들의 전문성 향상을 위한 교사학습공동체(professional learning community, PLC) 활동에 길잡이가 되었고, 추가적인 전문성 개발을 위해서 반드시 논의해야 할 사안들을 편성하는 결과로 이어졌다.

이 학교의 교사들은 질적 지표의 이행에 주목하기 시작하면서 동료교사와 리더들의 생각에도 관심을 갖게 되었다. 이 같은 공통의 언어는 교사들 간의 대화를 촉진시켰으며, 함께 계획하고 서로를 관찰해야 하는 합당한 이유를 제시했다. 교사들은 더 이상 피드백에 둔감하게 반응하지 않았다. 오히려 수업 능력을 키울 수 있는 기회로 생각하며 적극적으로 받아들였다. 시간이 지날수록 교사와 리더들이 학교 전체 차원에서 시행될 필요가 있는 항목들을 하나둘 인지하게 되면서 질적 지표도 차츰 늘어났다. 학생들의 성취도 또한 급격히 향상되었다. 현재 이 학교가 지역에서 학업성취도가 가장 높은 학교로 부상한 것은 어쩌면 당연한 결과인지 모른다. 교사와 리더들이 수업의 질적 지표에 합의하고, 교수학습에 관한 의미 있는 대화를 시작하면서 혁신이 이루어진 것이다. 아리스토텔레스가 지적했듯이, "뛰어난 질은 행동이 아닌 습관에서 나온다." 양질의 수업에 대한 합의가 낳

은 것은, 다름 아닌 학생의 이해를 돕기 위해 노력하는 교사의 습관이
었다.

표 6.1 GRR 수업모델의 각 구성요소에 대한 질적 지표 견본

집중수업	• 수업의 목적은 내용목표와 언어목표라는 명시적 형태로 제시하며, 내용기준, 과제 수행에 요구되는 언어적 요소들, 그리고 형성평가를 통해 파악된 학생들의 요구에 기초하여 설정한다. • 시범보이기를 할 때 과제 혹은 전략의 명칭을 분명하게 말하고, 관련 설명을 제공하며, 유추를 통해 새로운 학습과 연결시킨다. 그런 다음 교사는 과제 혹은 전략을 설명하고, 학생들이 피해야 할 오류들을 환기시키고, 정확성 확인을 위해 어떻게 적용해야 하는지 보여준다. 시범보이기에는 '나' 진술문을 지속적으로 사용한다.
안내식 지도	• 교사는 질문, 길잡이 정보, 단서를 활용하여 학생들을 더 깊은 이해로 이끈다. 길잡이 정보와 단서를 제공해도 이해하지 못한 경우 외에는 직접적인 설명을 제시하지 않는다. • 소규모 모둠을 대상으로 하는 안내식 지도는 교사가 자의적으로 설정한 성취수준이 아닌 교수적 필요를 분석한 평가결과를 토대로 시행한다.
생산적 모둠활동	• 선정하는 과제는 해당 학년의 수준에 적합한 개념을 독창적으로 응용하는 데 목적을 두며, 따라서 성과물이 반드시 도출되지 않을 수도 있다(즉, 생산적 실패의 기회가 존재한다). • 모둠은 개인의 강점을 극대화하기 위해 필요 영역을 확대하지 않고 2~5명의 학생들로 구성한다(이질적 모둠구성).
독자적 학습과제	• 선정하는 학습과제는 독창적인 응용이 요구되며, 수업의 목적과 관련성이 있고, 학생들이 이미 학습한 내용을 적용할 수 있는 기회를 제공한다. • 학생들은 독자적으로 과제를 완수하라는 교사의 지시를 받기 전에 또래들과 함께 연습한다. • 독자적 과제에 대한 학생들의 반응은 학급전체를 재교육할지 또는 추가적인 안내식 지도를 진행할지, 향후 수업의 방향을 결정하는 데 활용된다.

6장 요약 & 마무리

이번 장에서는 형성평가에서 확인된 요구들을 해결하는 데 도움이 되는 수업 프레임워크에 대해 전반적으로 살펴보았다. 수업의 목적, 시범보이기, 안내식 지도, 생산적 모둠활동, 독자적 과제에 대한 내용도 다루었다. GRR 수업모델을 구성하고 있는 이 모든 요소들은 결국 피드포워드 활동을 안내하는 데 활용할 수 있다. 교사들이 형성평가를 이용해서 안내식 지도부터 추가적인 시범보이기, 생산적 모둠활동에 이르기까지 수업지도와 관련된 결정을 내리는 방법에도 주목했다.

형성평가 시스템에 대한 몇 가지 주요 질문에 답하고, 시스템을 실행할 때 수업 리더들에게 필요한 지침도 제시했다. 특히 좋은 수업의 정의에 대한 상호이해의 중요성과, 그렇게 합의된 이해가 어떻게 대화를 촉진하고 변화를 일으키는지 중점적으로 논의했다.

형성평가 시스템이 학교교육의 혁신과 개혁을 이끄는 모습을 볼 수 있길 바란다. 학교에서 학생들이 수행한 결과물들은 향후 수업지도 관련 조치를 위한 길잡이로 활용될 수 있고, 마땅히 그렇게 되어야 한다. 그리고 교사들이 학생의 이해도를 끌어올리기 위해 피드백에만 의지하지 말고 피드백과 피드포워드를 균형 있게 활용하길 기대한다.

마지막으로, 우리가 제시한 수업모델이 학생과 동료교사, 그리고 어쩌면 이 책을 선택한 당신이 깨달은 것들을 통해서 더욱 개선되길 기대한다. 아울러 우리는 모든 학생이 각자의 개별적 요구에 즉각적인 대응이 가능한 학습환경에서 공부할 수 있도록 계속해서 연구해나갈 것이다.

이제 책을 마무리해야 하지만, 형성평가 시스템에 대한 우리의 노력이 끝나는 것은 아니다. 모든 학생의 학습권 보장을 위해서 학생들의 성과정보를 활용하고자 하는 교사들의 노력은 일상처럼 이어져야 한다. 형성평가 시스템을 만들고 실행하는 것이 쉬울 거라고 말할 생각은 추호도 없다. 당연히 쉽지 않다. 무수한 시련과 좌절이 따르는 굉장히 힘든 일이다.

수년 전 참석했던 회의가 문득 떠오른다. 그 회의에서 우리는 새로운 컴퓨터 프로그램을 활용하여 지도와 개입을 실행할 수 있다는 이야기를 들었다. 판매자가 장담하기를, 프로그램을 통해 교사들은 모든 재교육을 진행하면서 동시에 새로운 학습자료를 지속적으로 가르칠 수 있다고 했다. 굉장히 매력적인 이야기였다. 일부 동료교사들은 효과가 있을 거라며 고무되기도 했다. 오늘날 컴퓨터는 교실에서 우수한 학습자원으로 활용되고 있다. 그러나 그 당시 우리 학교에서 구입한 시스템은 획기적인 결과를 가져오지 못했다. 컴퓨터가 학생들에게 필요한 모든 재교육을 제공할 수는 없었다. 학생들이 이해한 것과 아직 더 배워야 할 것이 무엇인지는 교사들이 결정해야 했다. 다만, 우리의 형성평가 시스템에 부가적으로 컴퓨터 시스템을 사용하자 결과가 더 좋았다.

더그가 마라톤 출전을 위해 노력하는 과정에서도 비슷한 일이 일어났다. 몇 달간의 훈련으로 무릎을 다친 더그는 궤도를 수정해야 했다. 그는 자신의 주행 방법을 분석하고 지도해줄 훈련코치를 임시로 고용했다. 그 결과 더그가 과내전현상(overpronation, 발을 디딜 때 발목이 과도하게 안쪽으로 꺾이는 현상)을 보이는 것으로 밝혀졌다. 몇 가지 추가적인 교육을 받고 새로운 운동화를 구입한 후에 비로소 더그의 노력은 다시 목표달성을 향한 정상궤도에 진입했다.

우리가 '컴퓨터의 해'라고 부르는 그 당시는 우리 학교가 형성평가 시스템의 실행을 향해 나아가는 기나긴 여정에서 만난 작은 시련에 불과했다. 현재 우리는 대단한 성공을 거두었고, 덕분에 모두가 더 나은 교사로 거듭났다. 물론 중간에 실수도 있었지만 그때마다 다시 시작했다. 우리가 당신에게 바라는 점은 바로 이것이다. 이 책에 수록된 방안들을 시험해보라. 수업의 목적을 생각해보고, 그것을 학생들에게 어떤 식으로 전달할지 생각해보라. 이해도를 파악할 수 있는 다양한 방법을 고려해보고 그 가운데 몇 가지를 선택해서 실행해보라. 피드백에만 의존해온 관점을 바꾸고 피드포워드까지 아우르는 수업을 해보라. 처음에는 완벽하지 않을 수도 있고, 쉽지도 않을 것이다. 하지만 어느 순간부터 당신의 수업 역량이 달라지기 시작할 것이다. 그 결과 학생들의 요구는 더 자주, 더 신속하게 충족될 것이다.

찾아보기

ㅊ

ㅎ

참고문헌

Airasian, P. W. (1997). *Classroom assessment* (3rd ed.). New York: McGraw-Hill.

Alfassi, M. (2004). Reading to learn: The effects of combined strategies instruction on high school students. *Journal of Educational Research,* 97(4), 171–184.

Allen, M. (2010). Learner error, affectual simulation, and conceptual change. *Journal of Research in Science Teaching,* 47(2), 151–173.

Anderson, J. R. (1983). *The architecture of cognition.* Cambridge, MA: Harvard University Press.

Anderson, L. W., & Krathwohl, D. R. (Eds.) (2001). *A taxonomy for learning, teaching, and assessing: A revision of Bloom's taxonomy of educational objectives.* Boston: Allyn & Bacon.

Arzarello, F., Paola, F., Robutti, O., & Sabena, C. (2009). Gestures as semiotic resources in the mathematics classroom. *Educational Studies in Mathematics,* 70(2), 97–109.

Asher, J. (2007). *Thirteen reasons why.* New York: Razorbill.

Au, K. H. (2010). Help students take charge of their literacy learning. *Reading Today,* 27(4), 18.

Au, K. H., Carroll, J. H., & Scheu, J. R. (1995). *Balanced literacy instruction: A teacher's resource book.* Norwood, MA: Christopher-Gordon.

Austen, J. (1996). *Pride and prejudice.* H. Bloom (Ed.). Broomall, PA: Chelsea House Publishers.

Babbitt, N. (1975). *Tuck everlasting.* New York: Farrar, Straus, Giroux.

Bandura, A. (1965). Influence of models' reinforcement contingencies on the acquisition of imitative responses. *Journal of Personality and Social Psychology,* 1, 589–595.

Bangert-Downs, R. L., Kulik, C. C., Kulik, J. A., & Morgan, M. (1991). The instructional effects of feedback in test-like events. *Review of Educational Research,* 61(2), 213–238.

Bartoletti, S. C. (2005). Hitler youth: *Growing up in Hitler's shadow.* New York: Scholastic.

Bereiter, D., & Engelmann, S. (1966). *Teaching disadvantaged children in the preschool.* Boston: Allyn & Bacon.

Bloom, B. B. (1956). *Taxonomy of educational objectives, handbook 1: Cognitive domain.* New York: Addison Wesley Publishing Company.

Bong, M. (2008). Effects of parent–child relationships and classroom goal structures on motivation, help-seeking avoidance, and cheating. *Journal of Experimental Education,* 76, 191–217.

Boyne, J. (2006). The boy in the striped pajamas. New York: David Fickling Books.

Bransford, J. D., Brown, A. L., & Cocking, R. C. (Eds.). (2000). *How people learn: Brain, mind, experience, and school.* Washington, DC: National Academy Press.

Brookhart, S. M. (2008). *How to give effective feedback to your students.* Alexandria, VA: ASCD.

Burnett, P. C. (2002). Teacher praise and feedback and students' perceptions of the classroom environment. *Educational Psychology,* 22(1), 1–16.

California Department of Education. (n.d.). *Common benchmark assessments.*

Retrieved from

http://pubs.cde.ca.gov/TCSII/ch2/comnbnchmrkassess.aspx

Cazden, C. B. (1988). *Classroom discourse: The language of teaching and learning.* Portsmouth, NH: Heinemann.

Chi, M. T. H., Siler, S. A., & Jeong, H. (2004). Can tutors monitor students' understanding accurately? *Cognition and Instruction, 22*(3), 363–387.

Clay, M. (2010). *Running records for classroom teachers.* Portsmouth, NH: Heinemann.

Covey, S. R. (2004). T*he 7 habits of highly effective people: Powerful lessons in personal change* (Rev. ed.). New York: Free Press.

Crawford, M. B. (2009). *Shop class as soulcraft.* New York: Penguin.

Duckworth, A. L., Petersen, C., Matthews, M. D., & Kelly, D. R. (2007). Grit: Persistence and passion for long-term goals. *Journal of Personality and Social Psychology, 92*, 1087–1101.

Duffy, G. G. (2003). *Explaining reading: A resource for teaching concepts, skills, and strategies.* New York: Guilford.

Dufrene, B. A., Noell, G. H., & Gilbertson, D. N. (2005). Monitoring implementation of reciprocal peer tutoring: Identifying and intervening with students who do not maintain accurate implementation. *School Psychology Review, 34*(1), 74–86.

Duke, N. K., & Pearson, P. D. (2004). Effective practices for developing reading comprehension. In A. E. Farstup & S. J. Samuels (Eds.), *What research has to say about reading instruction* (pp. 205–242). Newark, DE: International Reading Association.

Dutro, S., & Moran, C. (2003). Rethinking English language instruction: An architectural approach. In G. Garcia (Ed.), *English learners: Reaching the highest level of English literacy* (pp. 227–258). Newark, DE: International Reading Association.

Dweck, C. S. (2007). The perils and promises of praise. *Educational Leadership, 65*(2), 34–39.

Elbow, P. (1994). *Writing for learning—not just for demonstrating learning.* University of Massachusetts, Amherst. Available: http://www.ntlf.com/html/lib/bib/writing.htm

Ellis, R. (2009). A typology of written corrective feedback types. *ELT Journal,* 63(2), 97–107.

Emmer, E. T., & Evertson, C. M. (2008). *Classroom management for middle and high school teachers* (8th ed.). Boston: Allyn & Bacon.

Fearn, L., & Farnan, N. (2001). Interactions: *Teaching writing and language arts.* Boston: Allyn & Bacon.

Ferris, D. (2006). Does error feedback help student writers? New evidence on the short- and long-term effects of written error correction. In K. Hyland & F. Hyland (Eds.), *Feedback in second language writing: Contexts and issues* (pp. 81–104). Cambridge: Cambridge University Press.

Ferris, D. R. (1997). The influence of teacher commentary on student revision. *TESOL Quarterly,* 31(2), 315–333.

Field, J. (2008). Bricks or mortar: Which parts of the input does a second language learner rely on? *TESOL Quarterly,* 42(3), 411–432.

Fisher, D., & Frey, N. (2007a). Checking for understanding: *Formative assessment techniques for your classroom.* Alexandria, VA: ASCD.

Fisher, D., & Frey, N. (2007b). Implementing a schoolwide literacy framework: Improving achievement in an urban elementary school. *The Reading Teacher,* 61, 32–45.

Fisher, D., & Frey, N. (2007c). Scaffolding writing: *A gradual release approach to writing instruction.* New York: Scholastic.

Fisher, D., & Frey, N. (2008a). Better learning through structured teaching: *A framework for the gradual release of responsibility.* Alexandria, VA: ASCD.

Fisher, D., & Frey, N. (2008b). Improving adolescent literacy: *Content area reading strategies at work* (2nd ed.). Upper Saddle River, NJ: Merrill Prentice Hall.

Fisher, D., & Frey, N. (2010). *Guided instruction: How to develop confident and successful learners.* Alexandria, VA: ASCD.

Fisher, D., Frey, N., & Grant, M. (2009). A diploma that matters: Schoolwide efforts to improve high school teaching and learning. In S. R. Parris, D. Fisher, & K. Headley(Eds.), *Adolescent literacy, field-tested: Effective solutions for every classroom* (pp. 191–203). Newark, DE: International Reading Association.

Fisher, D., Frey, N., & Rothenberg, C. (2008). *Content area conversations: How to plan discussion-based lessons for diverse language learners.* Alexandria, VA: ASCD.

Fountas, I. C., & Pinnell, G. S. (2001). *Guiding readers and writers: Teaching comprehension, genre, and content literacy.* Portsmouth, NH: Heinemann.

Frey, N. (2010). *The effective teacher's guide. 50 ways to engage students and promote interactive learning* (2nd ed.). New York: Guilford.

Frey, N., & Fisher, D. (2006). *Language arts workshop: Purposeful reading and writing instruction.* Upper Saddle River, NJ: Merrill Prentice Hall.

Frey, N., Fisher, D., & Everlove, S. (2009). *Productive group work: How to engage students, build teamwork, and promote understanding.* Alexandria, VA: ASCD.

Frey, N., Fisher, D., & Hernandez, T. (2003). What's the gist? Summary writing for struggling *adolescent writers. Voices from the Middle,* 11(2), 43–49.

Frey, N., Fisher, D., & Moore, K. (2009). Literacy letters: Comparative literature and formative *assessment. The ALAN Review,* 36(2), 27–33.

Fuchs, D., Fuchs, L. S., & Burish, P. (2000). Peer-assisted learning strategies: An evidence-based practice to promote reading achievement. *Learning Disabilities Research and Practice,* 15(2), 85–91.

Gambrell, L., Koskinen, P. S., & Kapinus, B. A. (1991). Retellling and the reading comprehension of proficient and less-proficient readers. *Journal of Educational Research,* 84, 356–362.

Gawande, A. (2009). The checklist manifesto: *How to get things right.* New York: Metropolitan.

Girgin, U. (2006). Evaluation of Turkish hearing-impaired students' reading comprehension with the miscue analysis inventory. *International Journal of Special*

Education, 21(3), 68–84.

Good, T. L., & Brophy, J. E. (2007). *Looking in classrooms* (10th ed.). Boston: Allyn & Bacon.

Goodman, K. S. (1967). A psycholinguistic guessing game. *Journal of the Reading Specialist,* 6, 126–135.

Goodman, Y. M., & Burke, C. L. (1972). *Reading miscue inventory.* Katonah, NY:Richard C. Owen.

Harter, S. (1998). The development of self-representations. In W. Damon (Series Ed.) & N. Eisenberg (Vol. Ed.), Handbook of child psychology: Vol. 3. *Social, emotional, and personality development* (5th ed., pp. 553–617). New York: Wiley.

Hattie, J. (2009). *Visible learning: A synthesis of over 800 meta-analyses relating to achievement.* New York: Routledge.

Hattie, J., & Marsh, H. W. (1995). Future research in self-concept. In B. Bracken (Ed.), *Handbook on self-concept* (pp. 421–463). Hillsdale, NJ: Lawrence Erlbaum.

Hattie, J., & Timperley, H. (2007). The power of feedback. *Review of Educational Research,* 77, 81–112.

Hogan, K., & Pressley, M. (1997). Scaffolding scientific competencies within classroom communities of inquiry. In K. Hogan & M. Pressley (Eds.), *Scaffolding student learning: Instructional approaches and issues* (pp. 74–107). Cambridge, MA: Brookline.

Jacobson, J., Thrope, L., Fisher, D., Lapp, D., Frey, N., & Flood, J. (2001). Cross-age tutoring: A literacy improvement approach for struggling adolescent readers. *Journal of Adolescent and Adult Literacy,* 44, 528–536.

Johnson, D. W., & Johnson, R. T. (1999). *Learning together and alone: Cooperative, competitive, and individualistic learning* (5th ed.). Needham Heights, MA: Allyn & Bacon.

Justice, L. M. (2006). *Communicate sciences and disorders: An introduction.* Upper Saddle River, NJ: Merrill Prentice Hall.

Kendeou, P., & van den Broek, P. (2005). The effects of readers' misconceptions on comprehension of scientific text. *Journal of Educational Psychology,* 97(2), 235–245.

Kidd, S. M. (2002). *The secret life of bees.* New York: Viking.

Klein, W. M. (2001). Post hoc construction of self-performance and other performance in self-serving social comparison. *Society for Personality and Social Psychology,* 27(6), 744–754.

Kluger, A. N., & DeNisi, A. (1998). Feedback interventions: Towards the understanding of a double-edged sword. *Current Directions in Psychological Science,* 7, 67–72.

Kramarski, B., & Zoldan, S. (2008). Using errors as springboards for enhancing mathematical reasoning with three metacognitive approaches. *The Journal of Educational Research,* 102(2), 137–151.

Krull, E., Oras, K., & Sisack, S. (2007). Differences in teachers' comments on classroom events as indicators of their professional development. *Teaching and Teacher Education,* 23, 1038–1050.

Langer, J. A. (2001). Beating the odds: Teaching middle and high school students to read and write well. *American Educational Research Journal,* 38, 837–880.

Larkin, M. (2002). *Using scaffolded instruction to optimize learning.* Arlington, VA: ERIC Clearinghouse on Disabilities and Gifted Education. Retrieved from http://www. ericdigests.org/2003-5/optimize.htm

Lee, I. (2009). Ten mismatches between teachers' beliefs and written feedback practice. *ELT Journal,* 63(1), 13–22.

Lyman, F. T. (1981). The responsive classroom discussion: The inclusion of all students. In A. Anderson (Ed.), *Mainstreaming digest* (pp. 109–113). College Park: University of Maryland Press.

Mansell, J., Evans, M., & Hamilton-Hulak, L. (2005). Developmental changes in parents' use of miscue feedback during shared book reading. *Reading Research Quarterly,* 40(3), 294–317.

Marzano, R., Pickering, D., & Pollock, J. (2001). *Classroom instruction that works: Research- based strategies for increasing student achievement.* Alexandria, VA: ASCD.

Mastropieri, M. A., Scruggs, T., Mohler, L., Beranek, M., Spencer, V., Boon, R. T., & Talbot, E. (2001). Can middle school students with serious reading difficulties help each other and learn anything? *Learning Disabilities Research and Practice,* 16, 18–27.

McTighe, J., & O'Connor, K. (2005). Seven practices for effective learning. *Educational Leadership,* 63(3), 10–17.

Moore, R., & Brantingham, K. (2003). Nathan: A case study in reader response and retrospective miscue analysis. *The Reading Teacher,* 56(5), 466–474.

Myers, W. D. (2004). *Monster.* New York: HarperTempest.

Nagy, W. E., Anderson, R. C., & Herman, P. A. (1987). Learning word meanings from context during normal reading. *American Educational Research Journal,* 24, 237–270.

Nelson-Le Gall, S. (1985). Help-seeking behavior in learning. In E. W. Gordon (Ed.), *Review of research in education* (Vol. 12, pp. 55–90). Washington, DC: American Educational Research Association.

Palincsar, A. S., & Brown, A. L. (1984). Reciprocal teaching of comprehension-fostering and comprehension-monitoring activities. *Cognition and Instruction,* 1(1), 117–175.

Paris, S. G., & Winograd, P. (1990). Promoting metacognition and motivation of exceptional children. *Remedial and Special Education,* 11(6), 7–15.

Pausch, R. (2008). *The last lecture.* New York: Hyperion.

Pearson, P. D., & Gallagher, G. (1983). The gradual release of responsibility model of instruction. *Contemporary Educational Psychology,* 8, 112–123.

Piaget, J. (1952). The origins of intelligence in children. New York: W. W. Norton & Co.

Pianta, R. C., LaParo, K. M., & Hamre, B. K. (2008). *Classroom assessment scoring system(K–3).* Baltimore, MD: Paul H. Brookes.

Ping, R. M., & Goldin-Meadow, S. (2008). Hands in the air: Using ungrounded iconic gestures to teach children conservation of quantity. *Developmental Psychology,*

44(5), 1277–1287.

Raphael, T. E. (1986). Teaching question–answer relationships, revisited. *The Reading Teacher,* 39, 198–205.

Rauschenbach, J. (1994). Checking for student understanding: Four techniques. *Physical Education, Recreation, and Dance,* 65(4), 60–63.

Rice, M. L., Smolik, F., Perpich, D., Thompson, T., Rytting, N., & Blossom, M. (2010). Mean length utterance levels in 6-month intervals for children 3 to 9 years with and without language impairments. *Journal of Speech, Language, and Hearing Research,* 53(2), 333–349.

Rohrer, D., & Pashler, H. (2010). Recent research on human learning challenges conventional instructional strategies. *Educational Researcher,* 39(5), 406–412.

Ross, P., & Gibson, S. A. (2010). Exploring a conceptual framework for expert noticing in literacy instruction. *Literacy Research and Instruction,* 49, 175–193.

Ryan, R. M., & Deci, E. L. (2000). Self-determination theory and the facilitation of intrinsic motivation, social development, and well-being. *American Psychologist,* 55, 68–78.

Santa, C., & Havens, L. (1995). *Creating independence through student-owned strategies: Project CRISS.* Dubuque, IA: Kendall-Hunt.

Scheeler, M. C., Macluckie, M., & Albright, K. (2010). Effects of immediate feedback on the oral presentation skills of adolescents with learning disabilities. *Remedial and Special Education,* 31(2), 77–86.

Shaw, D. (2005). *Retelling strategies to improve comprehension: Effective hands-on strategies for fiction and nonfiction that help students remember and understand what they read.* New York: Scholastic.

Siedentop, D. (1991). *Developing teaching skills in physical education* (3rd ed.). Mountainview, CA: Mayfield.

Simmons, J. (2003). Responders are taught, not born. *Journal of Adolescent and Adult Literacy,* 46(8), 684–693.

Stronge, J. H. (2007). *Qualities of effective teachers* (2nd ed.). Alexandria, VA:

ASCD.

Taylor, W. L. (1953). Cloze procedure: A new tool for measuring readability. *Journalism Quarterly,* 30, 415–433.

Tienken, C. H., Goldberg, S., & DiRocco, D. (2009). *Questioning the questions.* Kappa Delta Pi Record, 46(1), 39–43.

Tomlinson, C. A. (2001). *How to differentiate instruction in mixed-ability classrooms* (2nd ed.). Alexandria, VA: ASCD.

Treglia, M. O. (2008). Feedback on feedback: Exploring student responses to teachers' written commentary. *Journal of Basic Writing,* 27(1), 105–137.

Vygotsky, L. S. (1962). *Thought and language. Cambridge,* MA: MIT Press.

Vygotsky, L. S. (1978). *Mind in society.* Cambridge, MA: Harvard University Press.

White, E. B. (1952). *Charlotte's web.* New York: Harper & Row.

Wiggins, G. (1998). *Educative assessment: Designing assessments to inform and improve student performance.* San Francisco: Jossey-Bass.

Wood, D., Bruner, J. S., & Ross, G. (1976). The role of tutoring and problem solving. *Journal of Child Psychology and Psychiatry,* 17, 89–100.

Wurr, A., Theurer, J., & Kim, K. (2008). Retrospective miscue analysis with proficient adult ESL readers. *Journal of Adolescent and Adult Literacy,* 52(4), 324–333.

Zimmerman, B. J. (1990). Self-regulated learning and academic achievement: An overview. *Educational Psychologist,* 25, 3–17.

Zimmerman, B. J. (2000). Attaining self-regulation: A social cognitive perspective. In M. Boekaerts & P. R. Pintrich (Eds.), Handbook of self-regulation: *Research, theory, and applications* (pp. 13–39). San Diego: Academic Press.

Zwiers, J. (2008). *Building academic language: Essential practices for content classrooms.* San Francisco: Jossey-Bass.

효과적이고 다양한 형성평가 기법들

피드백, 이렇게 한다

2021년 05월 11일 | 초판 1쇄 인쇄
2024년 09월 20일 | 초판 4쇄 발행

지은이 낸시 프레이, 더글러스 피셔
옮긴이 강정임
감수자 이찬승

펴낸이 이찬승
펴낸곳 교육을바꾸는사람들

편집·마케팅 고명희, 김윤희, 서이슬, 김지현, 최영인
제작 류제양
디자인 김진디자인

출판등록 2012년 04월 10일 | 제313-2012-114호.
주소 서울시 마포구 양화로 7길 76 평화빌딩 3층
전화 02-320-3600
팩스 02-320-3608
홈페이지 http://21erick.org
이메일 gyobasa@21erick.org
유튜브 youtube.com/user/gyobasa
포스트 post.naver.com/gyobasa_book
트위터 twitter.com/GyobasaNPO
인스타그램 instagram.com/gyobasa

ISBN 978-89-97724-09-3 93370